仕事の基本

伝えたいことがしっかり伝わる

シンプル・プレゼンの技術

わかりやすく伝える
プレゼンテーション・テクニック30

小宮 清

単純だから
わかりやすい!

日本能率協会マネジメントセンター

はじめに

プレゼンテーションは重要です。なぜならば、多くの方が日常の業務の中で体験するからです。発表や説明、報告など対象が多い少ないにかかわらず、すべてのビジネス・パーソンが体験するものといってよいでしょう。

そして、プレゼンテーションのやり方によって、業務上の成果が大きく異なります。実際に、「この前のプレゼンテーションは失敗して成約にいたらなかった！」「上司への報告では『君の話は論理性に欠ける！』とよく言われる」などの話を私たちは耳にします。

しかし、それほど日常的で重要性が高いにもかかわらず、プレゼンテーションのやり方がわからないという方が多いのではないでしょうか？　そして、そのために悩み、苦しんでいる方も少なくないのではないでしょうか？

では、なぜ、このようなことが起きるのでしょうか？

その最大の原因は、体系的に学ぶ機会がなかったからといえます。つまり、「なんとなく見よう見まねでこなしてきた」「自分なりに工夫して今日まできた」という人が多いということです。人によっては、「自分はプレゼンテーションが下手なことはいやというほどわかっている。でも、どうすればよいのかがわからない！」ということもあるでしょう。

本書は、そのような方々のために執筆しました。具体的には、次のような方々を想定し、構成しました。

①訴えたいことを相手にわかりやすく伝えたいと思っている方
②論理的なプレゼンテーションを行いたいと思っている方
③プレゼンテーションの考え方をあらためて整理したい方

そして、本書の特長は次のようになります。

①実例を示して、短時間に、容易に理解できるようになっている
②聴衆（聞き手）の数にかかわらず活用できるやり方を説明している
③具体的なテクニックを説明している

このように、本書は、忙しい方でも短時間に理解でき、すぐに実践できるように構成してあります。しかも、大人数を相手にしたプレゼンテーションだけではなく、1対1のプレゼンテーションでも活用できる方法を説明しました。

すなわち、**ビジネス・シーンのあらゆる場面で活用できる方法を、わかりやすく解説しているという点が本書の最大の特長となっています。**

2003年12月

小宮　清

第4章 わかりやすさを倍増させる表現テクニック

第5章 あなたの想いがスンナリわかってもらえる構成テクニック

第6章 見せ方ひとつで印象度がアップするビジュアル作成テクニック

第1章

なぜプレゼンするのかをよく考えてみよう

1 そもそもプレゼンテーションとは何だろう？

◎——プレゼンテーションとは

プレゼンテーションという言葉を私たちは多くの場面で耳にします。「今度、プレゼンテーションすることになったんだ」「お客様へのプレゼンテーションでは失敗できない」などなど、ビジネスの場面では日常的に多く使われています。

しかし、そのプレゼンテーションとはいったい何を意味するものなのでしょうか？　なんとなく耳にして、それを無意識に使っているのが実情ではないでしょうか？　また、人によってその意味が異なることもあるでしょう。

本書では、プレゼンテーションとは

「限られた時間の中で、相手に対して話をすることによって、自分のコミュニケーションの目的を達成するための情報伝達のプロセスのこと」

と定義付けをします。

この定義をさらにくわしく考えてみましょう。

プレゼンテーションとは

限られた時間の中で

相手に対して話をすること

自分の目的を達成するため

まず**第1**に、「**限られた時間**」という考え方があることに注意しなければなりません。すなわち、10分や20分、30分という限られた時間内で行われるものだということです。1週間や1カ月、半年をかけて伝えるものや説得するものではありません。

第2に、「**相手に対して話をする**」という考え方があることが挙げられます。相手にパソコンの画面を見せるだけではありません。また、VTRを始めから終わりまで見せるだけではありません。話をする人（話し手：プレゼンター）がいて、少なくともその人が何らかの言葉を発することが条件となります。

第3に、「**自分の目的を達成するため**」という考え方が挙げられます。実はこれはとても大切な考え方になります。プレゼンテーションは、無目的で実施するものではありません。必ず目的があります。つまり、その目的は、事前にプレゼンターが持っていることが前提となります。そしてその目的を達成するための手段だということです。

では、この目的にはどのようなものがあるのでしょうか？　次に、体系的にその目的を考えてみましょう。

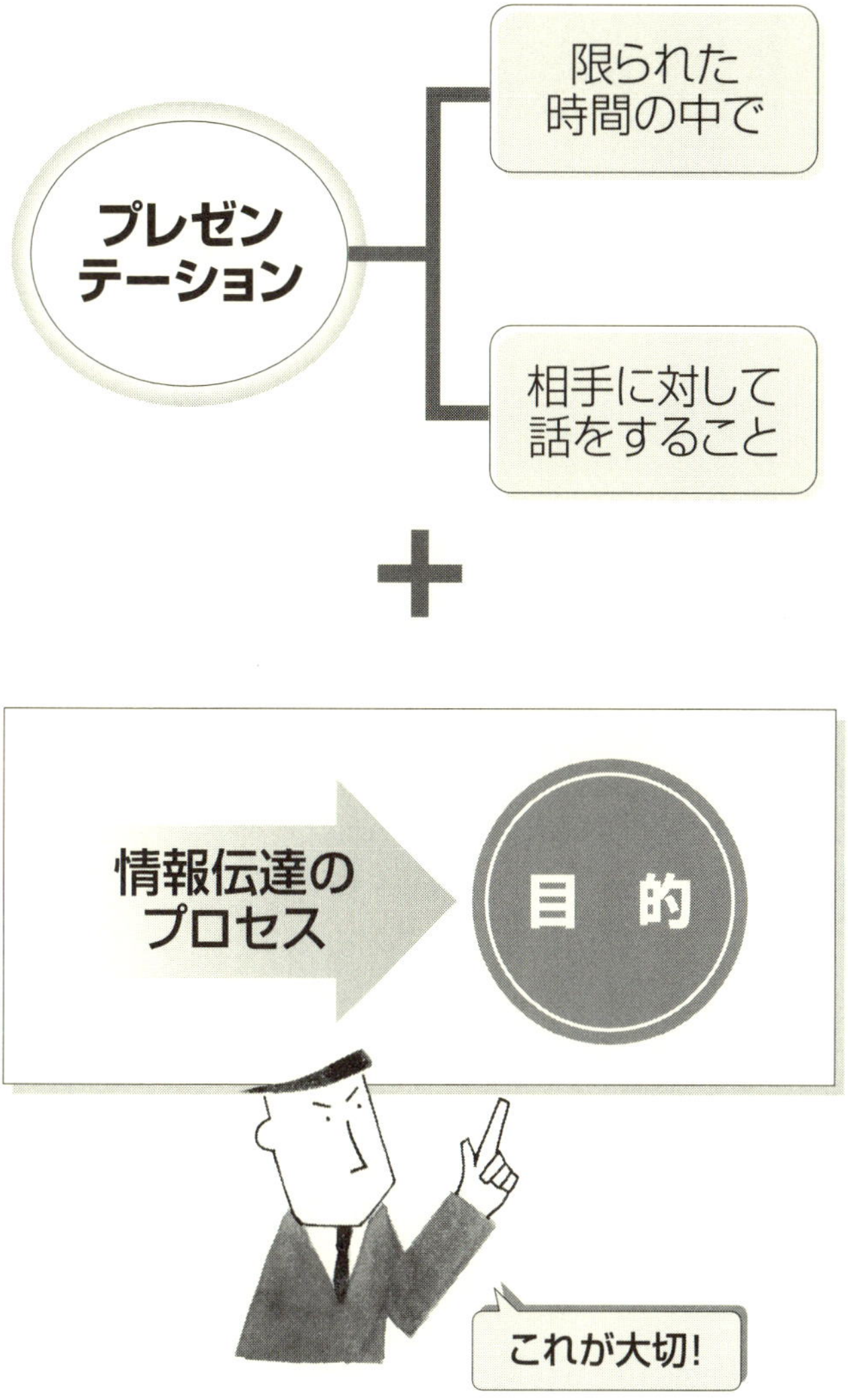

プレゼンテーション
限られた時間の中で
相手に対して話をすること
+
情報伝達のプロセス
目的
これが大切!

2 プレゼンテーションをする先のことを考える

◎――プレゼンテーションの目的

プレゼンテーションをする目的にはさまざまなものがあります。その種類は、背景や状況によって千差万別です。ところが、それらは特定の領域や範囲によって分類することができます。分類ができれば、そこからプレゼンテーションの最適な方法論や適切な技術を用いることができます。

そこでここでは、プレゼンテーションにはどのような種類があるのか？

そして、それらの目的にはどのようなものがあるのか？

ということを整理していきます。

まず、プレゼンテーションを分類するための1つのモノサシとして**説得的―説明的**という視点が挙げられます。すなわち、**プレゼンテーションは、説得的プレゼンテーションと説明的プレゼンテーションに大別できる**ということです。

説得的とは、プレゼンテーションを聞いている側が納得し、プレゼンターが提示するも

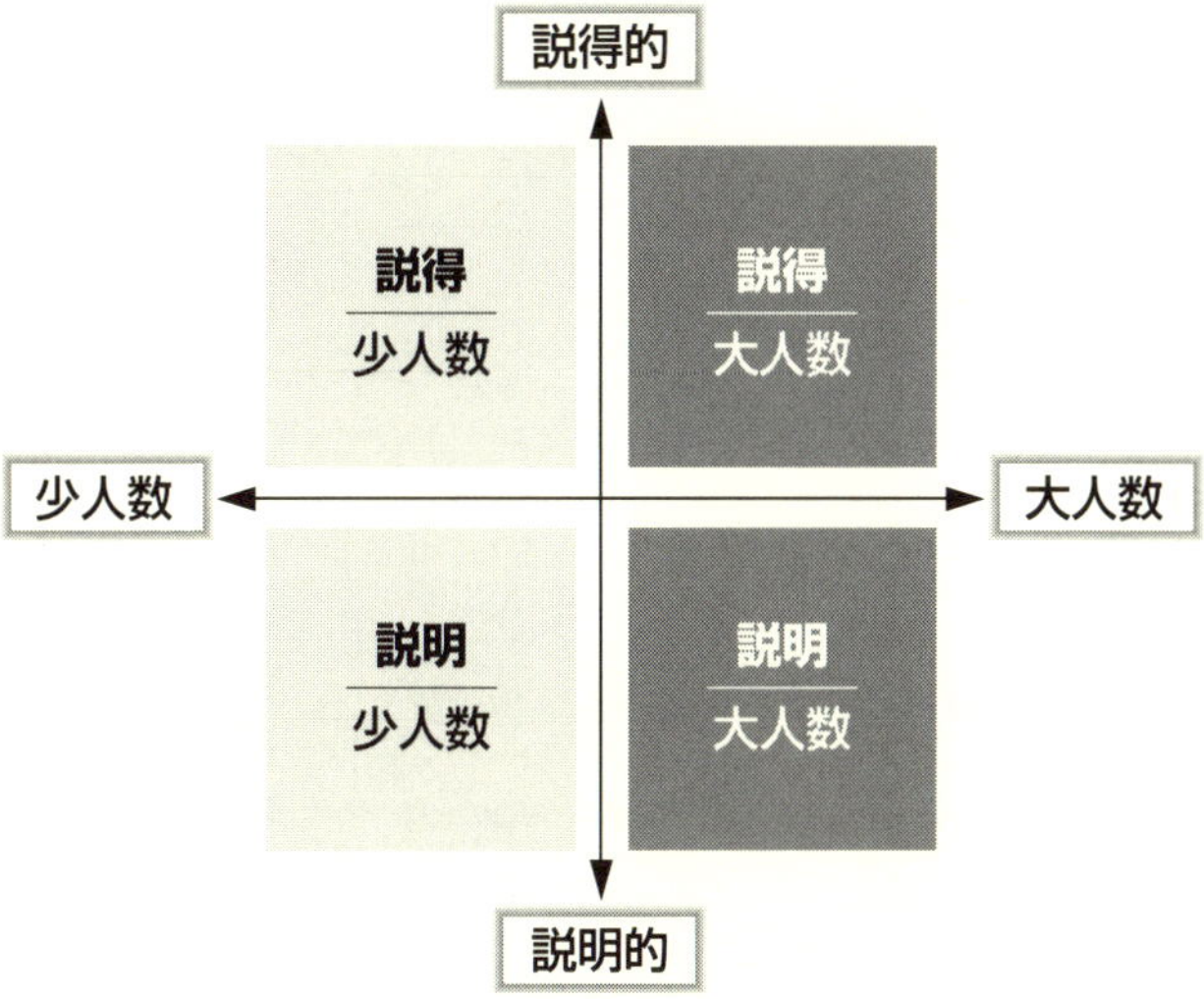

の（製品やアイデア、企画など）を受け入れることを意味します。企画の採用、あるいは製品の購入を目的としたプレゼンテーションがこれにあたります。

説明的とは、プレゼンテーションを聞いている側がプレゼンターが提示するものを理解することを主目的としたプレゼンテーションです。人事制度の説明会や会社説明会がこれにあたります。

次に、**大人数・少人数**という視点を挙げることができます。この視点は、聴衆の数の相対的な違いによって分類するものです。大人数は、文字通り多い人数となります。多い数では、数十人や数百人ということもあるでしょう。少人数は、2名や3名であり、もっとも少ない人数が1名となります。
以上、説得的—説明的という軸と、大人数—少人数によって4つの象限ができます。

◎——主なプレゼンテーションの種類

では、これらの4つの象限には、どのようなプレゼンテーションが当てはまるのでしょうか？　その代表的なものとして次の8つを挙げることができます。

①新製品発表会▼社外の人たちを集めて新製品を発表する。
②社内企画会議▼社内で企画を採用するかどうかを審議する。
③会社説明会▼学生や地域住民などの社外の方々に会社を説明する。
④進捗会議▼プロジェクトなどの進捗を説明する。
⑤商談▼購買活動に関わる交渉をする。
⑥社内交渉▼企画案や利害関係などについて、他部署や上司、同僚などと交渉する。
⑦報告▼仕事の進捗状況などを上司や同僚などへ伝える。
⑧連絡▼仕事に関する新しい情報や異常事態などを関係者に伝える。

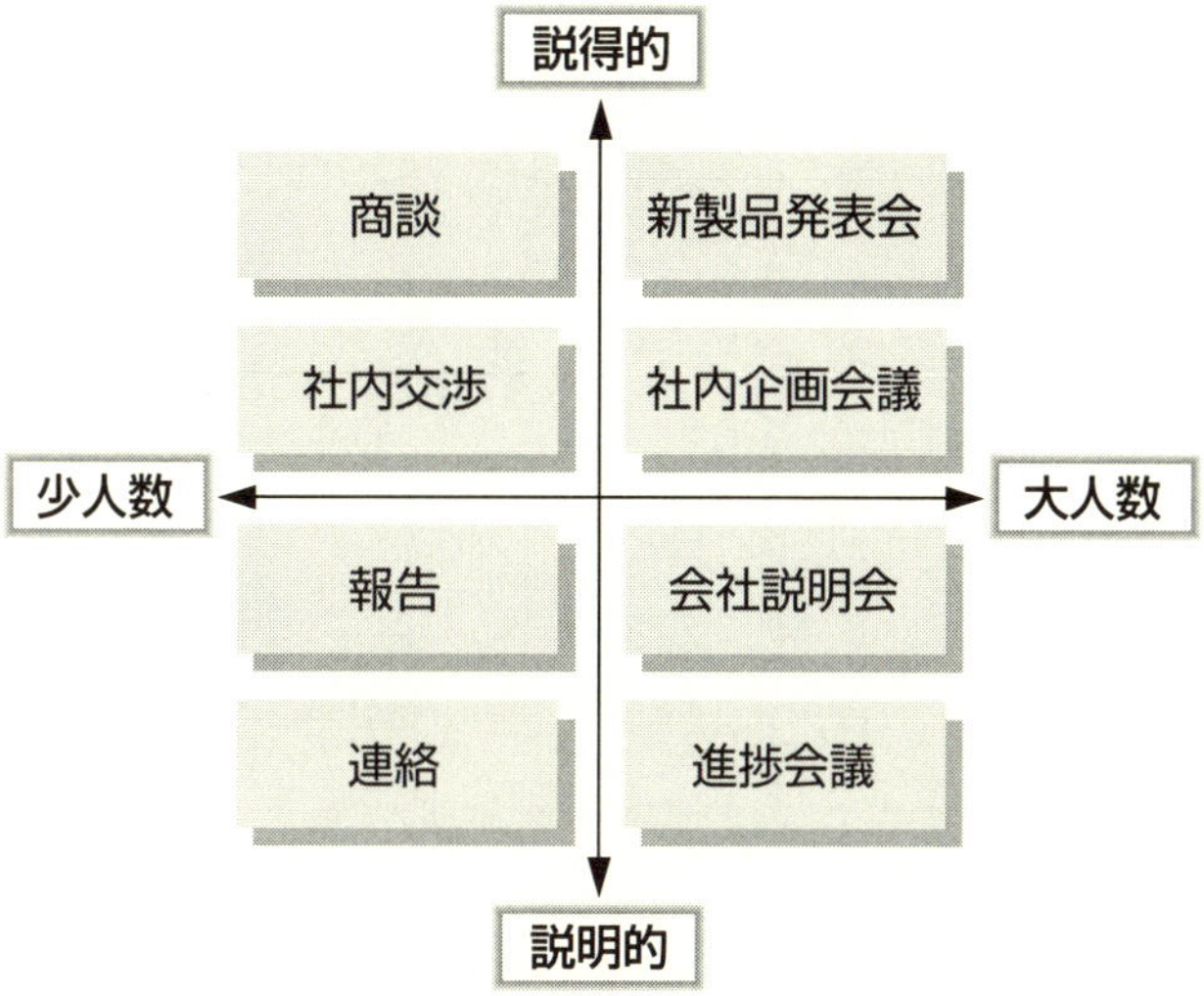

	目　的
新製品発表会	新製品に対する購買意欲を高めてもらう。
社内企画会議	企画案を採用してもらう。
会社説明会	会社のよさを理解してもらう。
進捗会議	仕事やプロジェクトの進捗状況を正確に理解してもらう。
商談	製品、商品を買ってもらう。安く売ってもらう。
社内交渉	自分の考えを受け入れてもらう。
報告	仕事の進捗状況を正確に理解してもらう。
連絡	仕事に関する情報を正確に理解してもらう。

3 プレゼンテーションとはわかりやすく伝えること

◎——目的達成の2つの条件

プレゼンテーションの目的は、先に述べたようにさまざまなものがあります。では、これらの目的達成は、何によって決まるのでしょうか？　この点を考えることは重要なことです。その理由をここでは考えてみましょう。

まず、**第1の条件に挙げられるのは、企画案や新製品そのものが優《すぐ》れていることです。**企画案が優れていれば採用される確率は高まります。また、新製品が優れていれば買ってもらう可能性も高まります。しかし、それだけで果たして目的が達成されるでしょうか？

答えはノーです。

実は**2つめの条件が必要です。それがプレゼンテーションの伝え方になります。**そして、このプレゼンテーションの伝え方が、プレゼンテーションの目的の達成に大きく影響を与えていることが多いのが実態なのです。

◎——伝える技術で成否が分かれる

この点を考えるために、ある事例で考えてみましょう。これは実際にあったことです。

Aさんと Bさんは、同じ会社に在籍している同期入社組です。この会社では、管理者に登用するために役員に対して「職場の問題解決」というテーマでプレゼンテーションをすることが義務付けられていました。

職場は異なるとはいえ、与えられたプレゼンテーションに対する準備期間ならびに実施時間（10分間）という条件はまったく同じです。

ところが、プレゼンテーションの結果はまったく異なるものとなってしまいました。評価点は100点満点のところ、Aさんは80点、Bさんは30点でした。なぜ、これほどの違いが出てしまったのでしょうか？

実は、AさんとBさんの違いは、プレゼンテーションの伝え方に大きな違いがあったのです。プレゼンテーションの伝え方によって、プレゼンテーションの目的、すなわち結果が異なってしまったのです。そして、ここでいうプレゼンテーションの伝え方とは、プレゼンテーションの構成と表現を意味しています。つまり、プレゼンテーションの技術といえるものです。

このことは、営業における商談では、より顕著に表れてきます。なぜならば、同じ製品や商品を扱っていたとしても、営業担当者のプレゼンテーションによって営業成果が大きく異なるからです。その数字は、数千円から大きいもので数億円のこともあります。これもプレゼンテーションの技術の違いが生み出した結果の違いといえるものです。

このように、プレゼンテーションの技術の違いによってプレゼンテーションの目的の達成度合いが大きく左右されるのです。

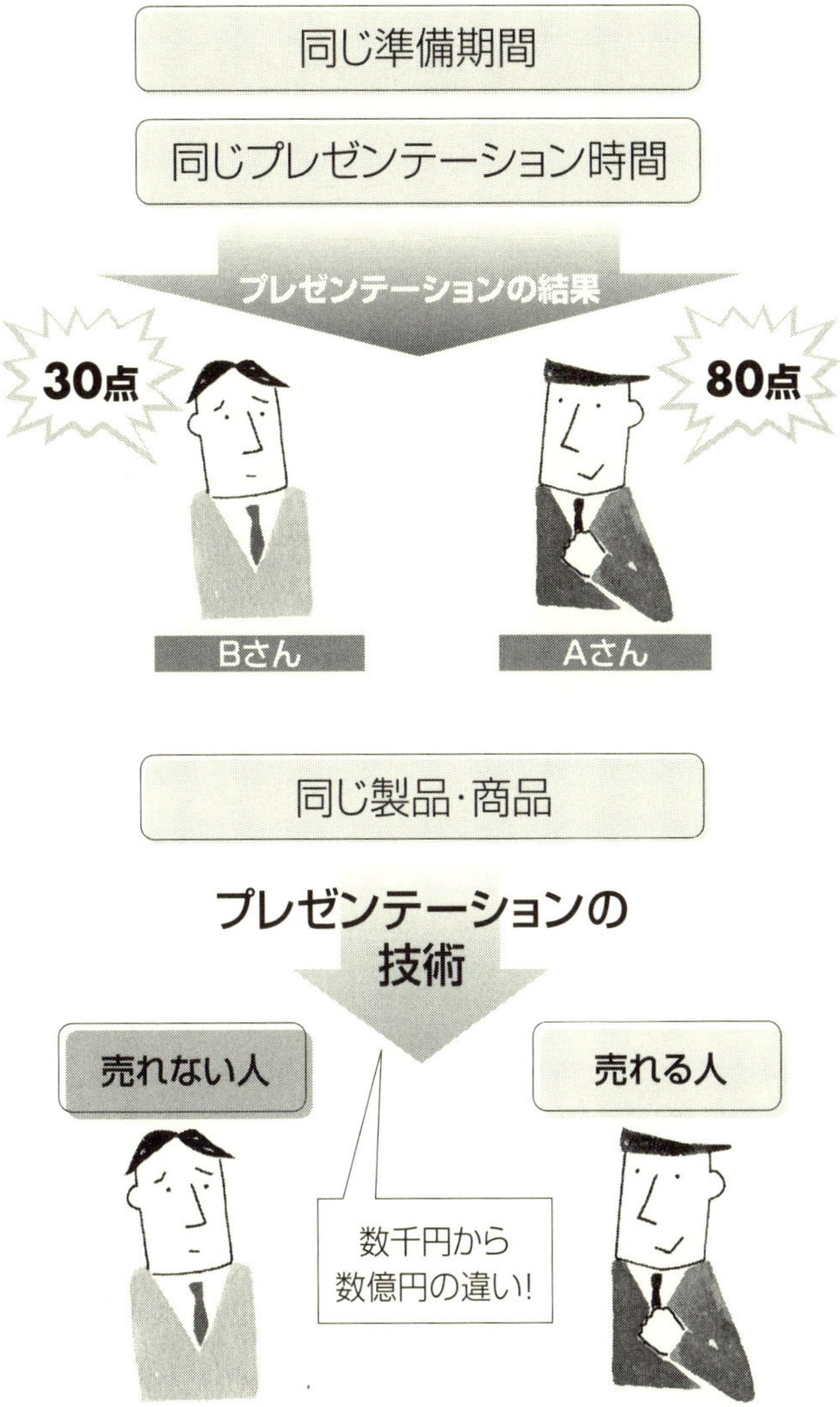
同じ準備期間
同じプレゼンテーション時間
プレゼンテーションの結果
30点
80点
Bさん
Aさん
同じ製品・商品
プレゼンテーションの
技術
売れない人
売れる人
数千円から
数億円の違い!

COLUMN

失敗は成功のもと

以前私は、経営コンサルティング会社でプレゼンテーションの達人といわれる人の下で働いていました。そしてある日、プレゼンテーションの会場でいきなり「今日はお前やってみろ！」と言われました。

プレゼンテーションの結果は、それはそれはひどいものでした。最初は8名ほどいたはずの聞き手が席を立ってどこかに消えていきました。プレゼンテーションが終わったときには3名ほどしか残っていませんでした。最後の方は、喉はカラカラになり、足はガクガク震えていました。そのとき、聞いてくださった方々に、大変申し訳ない気持ちで一杯になりました。

そして、その帰り道です。先輩コンサルタントは私を叱ることはありませんでした。しかし、プレゼンテーションの技術を習得することを説いてくださいました。

そのとき、プレゼンテーションには技術があること、そして技術は習得ができること、自分にはその余地がたくさんあることを学びました。

大失敗があったからこそ、私は技術を高める気持ちになれたのでした。

第2章

「わかりやすく伝える」とはどういうことだろう

1 わかりやすく伝えるための3つの条件

ここでは、わかりやすく伝えるとはどういうことなのかを考えてみましょう。そもそも、わかりやすく伝えるとはどういうことなのでしょうか?

実は、わかりやすく伝えるとは、いくつかの条件を満たしていることが必要です。

◎――ポイントが理解できる

第1の条件が、「ポイントが理解できる」ということです。ここでいうポイントとは、話し手が伝えたい重要な部分のことです。ポイントは、状況によって1つの場合もあれば、5つの場合もあるでしょう。いずれにしても、聞き手にとって、ポイントが明確に理解できなければ、わかりやすく伝えることにはなりません。

ここで簡単な例で説明しましょう。次の文章は、ある話し手の言葉です。

「ええと、鈴木さんは、まあ入社して3年になりますけどね、ええと、英語はかなりできるんじゃあないかと思うんですが。えー確か、日常会話はまったく問題なく外国人と会話ができますし、ええと、パソコンのスキルも高いものということができますし、ええと、ワープロや表計算、それとプレゼンテーションソフトなど、うちの職場では一番できますし、まあ、鈴木さんは確かに優秀だと思いますし、えーと、交渉も、この前、同行したんですけども、交渉がうまかったんですが、相手の話を聴きながらうまくニーズを引き出してまして、交渉力もなかなかの腕前だと私は思います」

第三者が、この話し言葉のポイントをすぐに理解することは容易ではありません。要因は、余分な言葉が多いことが挙げられます。余分な言葉とは、「ええと」「えー」などを指します。このような言葉がたくさんあると、本当に言いたいポイントが不鮮明になってしまいます。つまり、ポイントが理解できるとは、余分な言葉が少ないことになります。

また、具体的な例などが多いこともポイントの理解を妨げている要因になります。具体的な例は確かに重要です。そのことによって納得してもらうこともあり得ます。ところが、本当に伝えたいことは具体的な例ではなく、その例でもって主張したい「何か」でしょう。

ですから、先ほどの話し手の事例のポイントをよりわかりやすくすると、次のような文に集約できます。

「鈴木さんは、優秀だと思います。彼は、英語で日常会話ができます。パソコンを職場でもっとも上手に使いこなすことができます。交渉力も相対的に高いです」

これならば、ポイントは理解されます。この場合のポイントは4つです。そして、この文章の構造は、4つの文で構成されていることに注目する必要があります。1つ1つのポイントが、それぞれ1つの文で構成されていることはとても重要なことなのです。

◎――結論と根拠の関係が理解できる

わかりやすく伝える第2の条件は、「結論と根拠の関係が理解できる」ことです。ここでいう結論とは、事実やデータから導き出される考えのことを意味します。根拠とは、結論を裏付ける事実とデータのことを指します。そして、結論と根拠の関係が理解できるとは、何が結論で、何が根拠かが明らかに認知できることとなります。

これも先ほどの話し手の内容からみていきましょう。例えば、先ほどの文を少し変えてみましょう。

「鈴木さんは、パソコンを職場でもっとも上手に使いこなすことができます。彼は、優秀だと思います。英語で日常会話ができます。交渉力も相対的に高いです」

これは順番を変えただけです。では、何が結論で、根拠でしょうか？少し考えればわかるような気がします。しかし、聞き手が考えるということは、聞き手によってそれぞれの解釈が異なる可能性があります。話し手と聞き手とのギャップ、すなわち意味の取り違えは致命的な問題になることも考えられるでしょう。

そこで、このギャップを防ぐために次のように直してみましょう。

「鈴木さんは、優秀だと思います。なぜならば、次の3つの根拠があるからです。第1に、英語で日常会話ができます。第2に、パソコンを職場でもっとも上手に使いこなすことができます。第3に、交渉力も相対的に高いからです」

このようにすれば、結論と根拠の関係性は、誰が聞いても同じものといえます。

◎──話の地図が描ける

わかりやすく伝える第3の条件は、「話の地図が描ける」ということです。すなわち、聞き手の頭の中で話の構造（体系）が容易に描けるように話し手が話すということです。言い換えるならば、聞き手が「話の構造の地図が描ける」ように伝えるということになります。

例えば、最初の話し手の内容をもう一度みてみましょう。

「ええと、鈴木さんは、まあ入社して3年になりますけどね、ええと、英語はかなりできるんじゃあないかと思うんですすが。えー確か、日常会話はまったく問題なく外国人と会話ができますし、ええと、パソコンのスキルも高いものということができますし、ええと、ワープロや表計算、それとプレゼンテーションソフトなど、うちの職場では一番できますし、まあ、鈴木さんは確かに優秀だと思いますし、えーと、交渉も、この前、同行したんですけども、交渉がうまかったんですが、相手の話を聴きながらうまくニーズを引き出してまして、交渉力もなかなかの腕前だと私は思います」

これでは地図を描くことは困難です。そこで、先ほどの結論と根拠が明確な文章で確認しましょう。（便宜上、各文に番号をふっています。）

「①鈴木さんは、優秀だと思います。なぜならば、次の3つの根拠があるからです。②第1に、英語で日常会話ができます。③第2に、パソコンを職場でもっとも上手に使いこなすことができます。④第3に、交渉力も相対的に高いからです」

これであれば、話し手が当初から意図している地図を、聞き手の頭の中に再現することができるでしょう。

さらに、この地図の描きやすさについてもここでは考えてみましょう。例えば、次のようにしたらどうでしょうか？

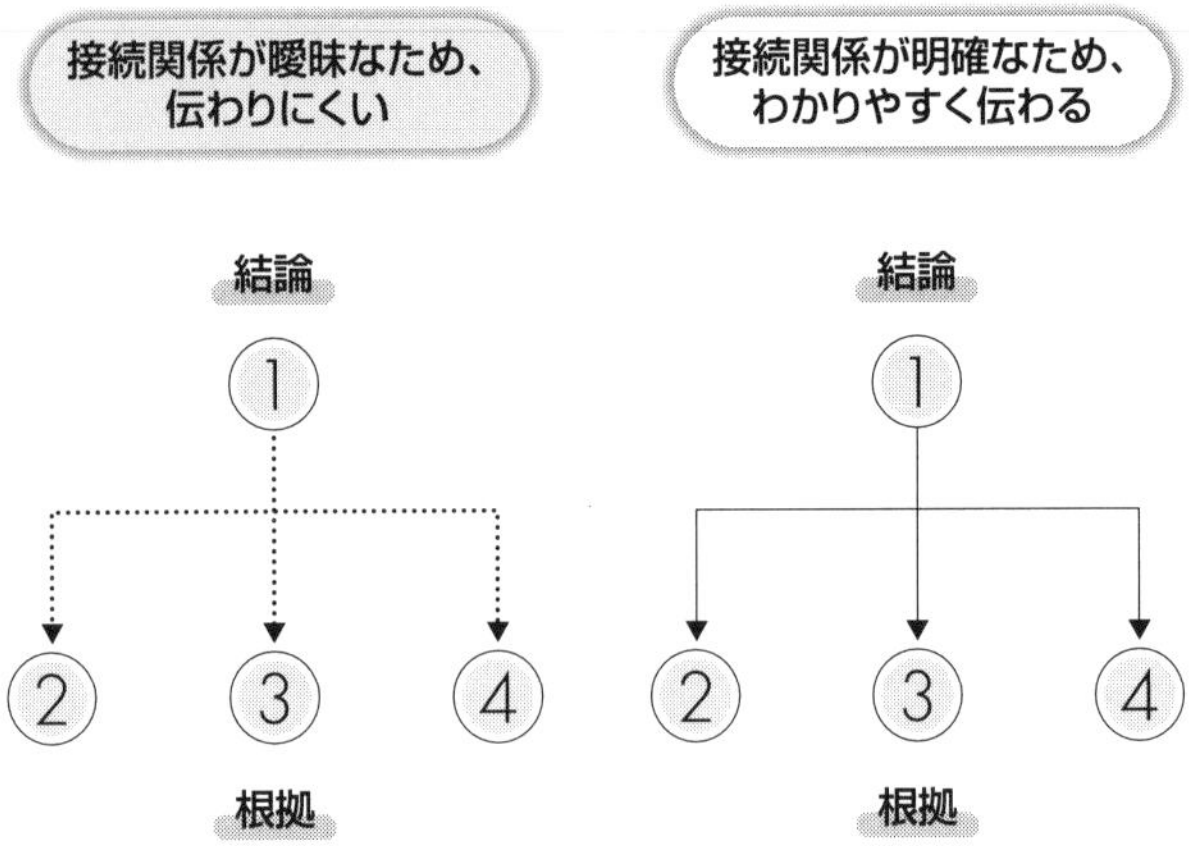

「①鈴木さんは、優秀だと思います。②英語で日常会話ができます。③パソコンを職場でもっとも上手に使いこなすことができます。④交渉力が相対的に高いです」

これは、接続関係が明示されていません。ですから、地図は少し曖昧《あいまい》になってしまう可能性があります。上の図でいえば、実線の部分の自信が持てないので、「こんな感じかな？」というように自信のない線（点線）になってしまうでしょう。聞き手が明確に地図が描けるようにするためには、実は、接続関係（実線）をしっかりと伝えることが必要なのです。

わかりやすく伝える条件

ポイントが
理解できる

結論と根拠の関係が
理解できる

話の地図が
描ける

2 わかりやすく伝える基本スキルと応用テクニック

以上でわかりやすく伝えるための条件を確認しました。では、わかりやすく伝えるためには、具体的にどのような技術があるのでしょうか？　この点をこれから説明しましょう。

そもそもわかりやすく伝えるためには、基本スキルと応用テクニック（技術）があります。その技術は1つではありません。数多くあります。ですから、闇雲《やみくも》に覚えていくよりも体系的に理解した方が効率的です。そこで、次にわかりやすく伝える技術を整理します。

◎――基本スキルと応用テクニックとは

基本的に、**わかりやすく伝える技術は、基本スキルと応用テクニックに大別できます。**

基本スキルとは、わかりやすく伝えるためにすべての場面で共通して実践すべき技術になります。第1章で紹介したように、ビジネスでのプレゼンテーションは、説得的―説明的、大人数―少人数と分類できると説明しましたが、これらのすべての領域において基本スキルは活用すべきものです。これに対して、応用テクニックは、相対的に大人数で、説

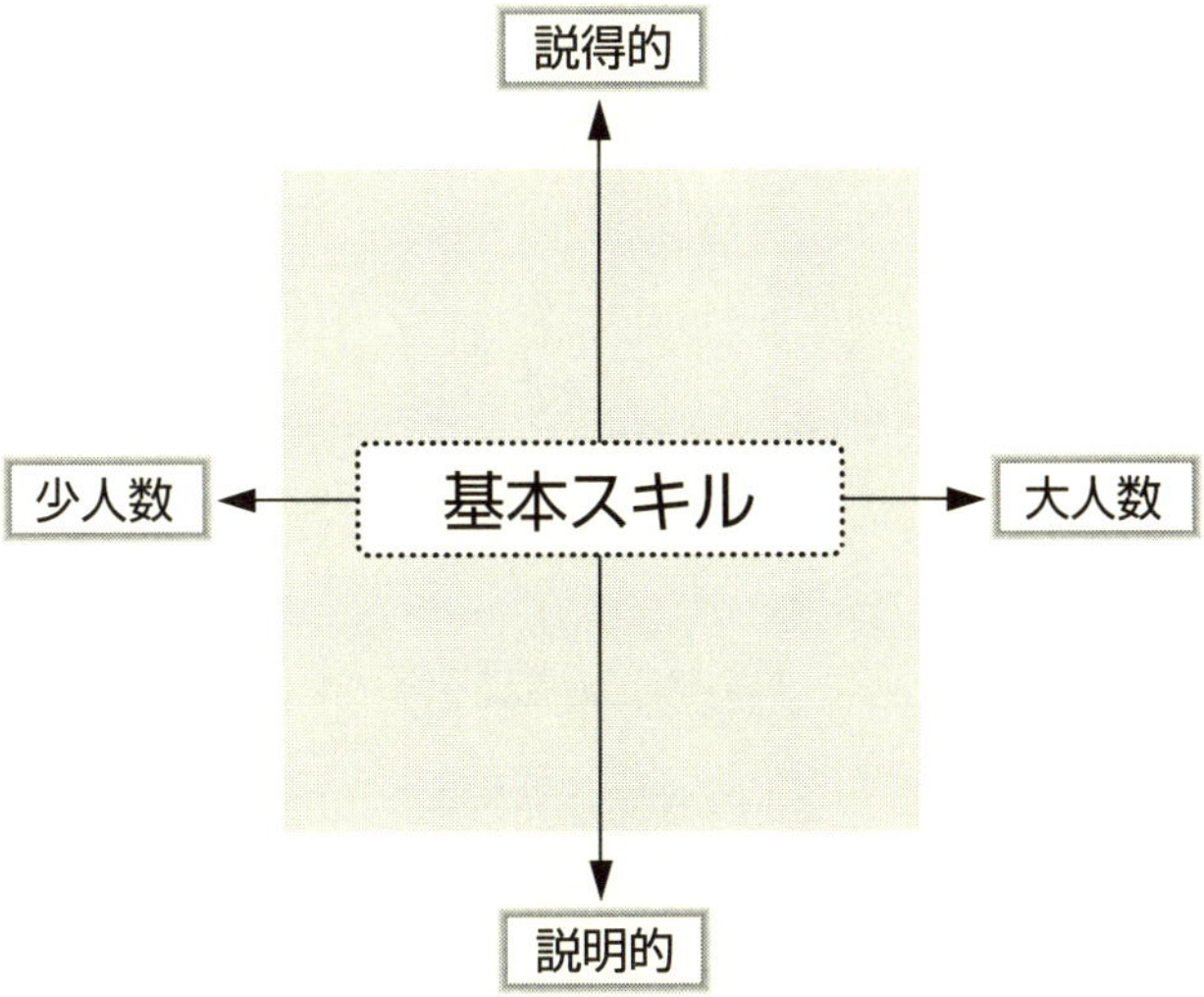
説得的
基本スキル
少人数
大人数
説明的

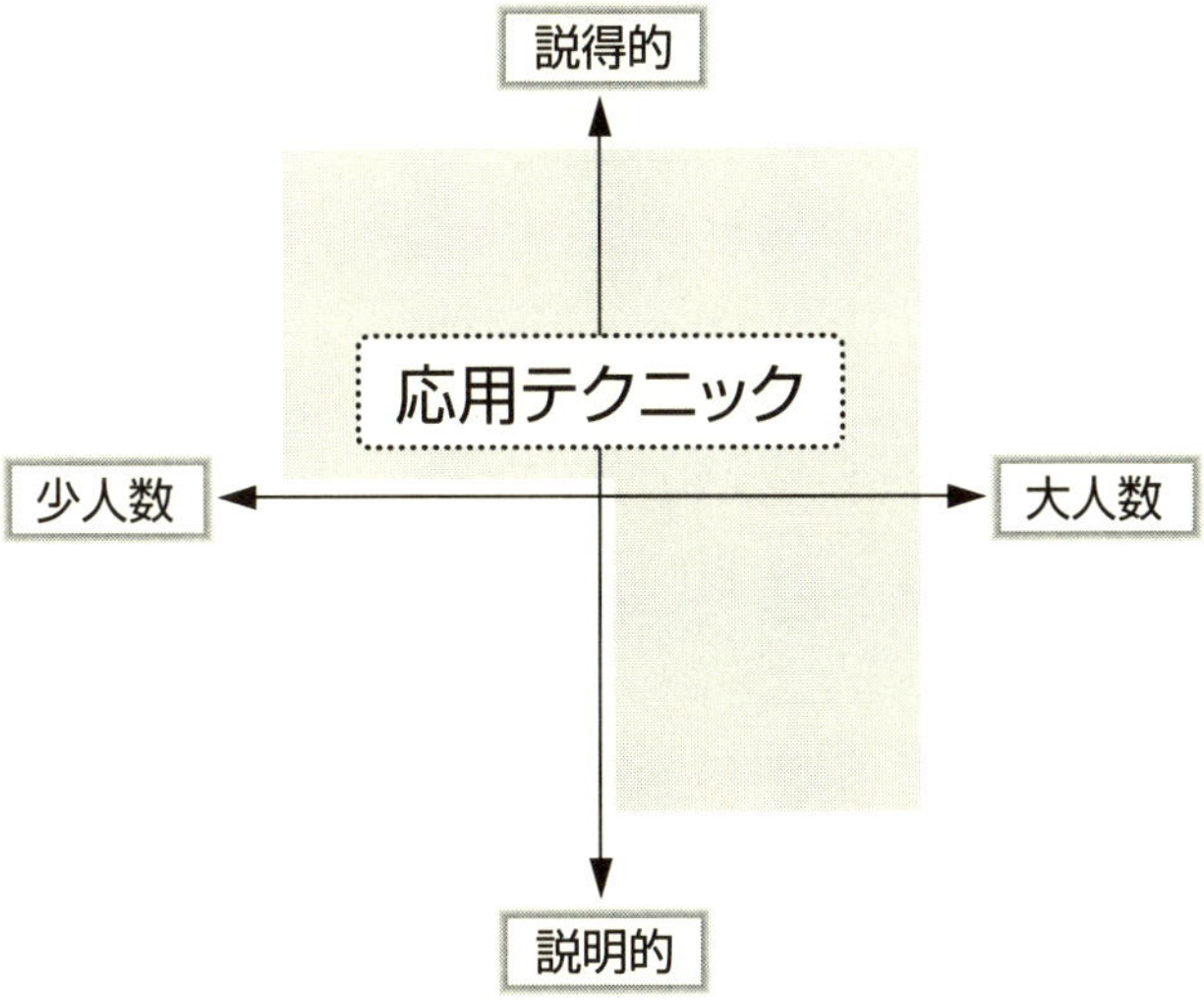
説得的
応用テクニック
少人数
大人数
説明的

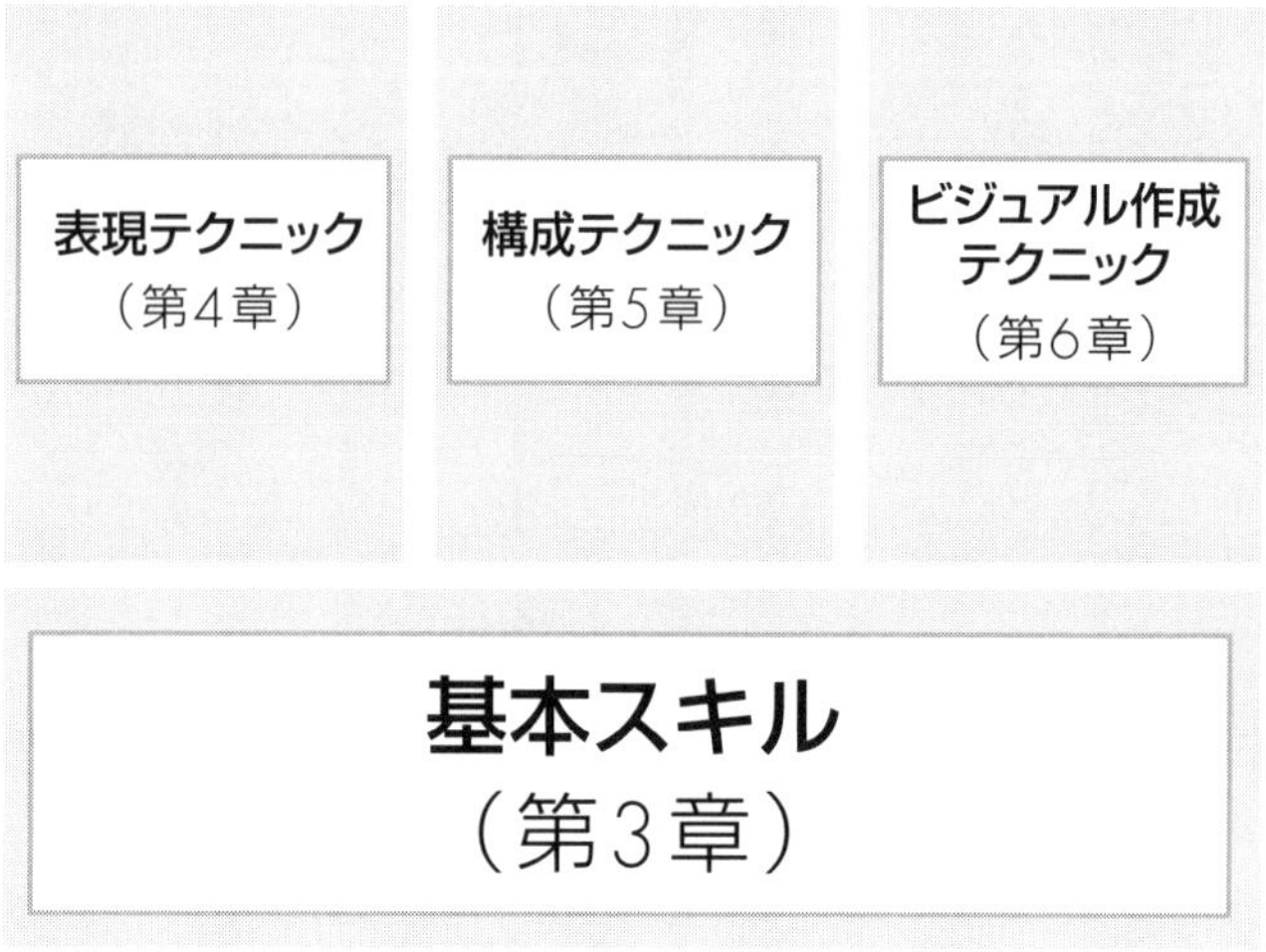

得的な領域で活用すべき技術になります。

基本スキルは、わかりやすく伝えるための土台です。ですから、応用テクニックは、土台を基にして確立される技術になります。概念図で示すと上の図のようになります。応用テクニックは、大きく3つに大別されます。それは、表現テクニック、構成テクニック、ビジュアル作成テクニックです。

この本の構成もこの体系図に沿って書かれています。まず、第3章で基本スキルを扱います。次に、第4章以降で3つの応用テクニックを説明します。具体的には、第4章で表現テクニックを、第5章で構成テクニックを、そして第6章でビジュアル作成テクニックを扱います。

第 3 章

わかりやすく伝えるための基本スキル

ポイント

1 結論と根拠と論拠を整理する

まず、**結論と根拠と論拠を整理するのが基本です。**

結論と根拠は、第2章で説明しました。あらためて確認すると、結論とは、事実やデータから導き出される考えのことを、根拠とは結論を裏付ける事実とデータのことを意味するものでした。では、論拠とは何なのでしょうか？

論拠とは、結論と根拠を結びつける考え方のことを意味します。論拠には、さまざまなものがあります。その代表的なものは、常識や原理、原則、定理、公理などです。

この説明だけでは、普通はなかなか理解できません。そこで例で確認していきましょう。

今、次のような結論と根拠を示したとします。

結論　「彼は背が高い」

根拠　「彼の身長は１８０センチである」

これは一般的には納得できるものですが、なぜ180センチだと背が高いといえるのでしょうか？　このような素朴な疑問を提起されたら、それに答えなければなりません。これが論拠を問いかける質問であり、議論が不十分であることを示す問いかけといえます。

　ここでこの問いかけをもう少し考えてみましょう。180センチが高いということは、何か前提があるはずです。それは、「言わなくてもわかっているよ！」という類のものです。ところが、北欧のある国では180センチは平均身長だとしたら、その国の人に言わせると「それでは背が高いとはいえないよ。あなたの常識は間違ってますよ！」となるでしょう。となれば、この結論と根拠は非常に弱いものとなります。ですから、常識という前提が隠されているのが、この結論と根拠の組み合わせの議論の構造となります。

　実は、結論と根拠と論拠の3つの要素で議論を組み立てることを「**トゥールミンの議論モデル**」といいます。このモデルは、イギリスの分析哲学者であるステファン・トゥールミンが提唱したものです。そして、**トゥールミンの議論モデルでは論拠のことを「隠された根拠」といっています**。ですから、「身長が180センチだから、背が高い」と言ったとき、そこには隠された根拠＝論拠があることになります。ではもう一度、背が高い議論をみてみましょう。

結論　「彼は背が高い」
根拠　「彼の身長は180センチである」

この議論に論拠を設定するとしたらどうなるでしょうか？　それは、次のような考え方があるといえます。

論拠　「彼と同年代の日本人男性の平均身長は173センチだからである」

これが、先の議論の論拠といえるものです。最初は結論と根拠のみでしたが、論拠が明示されることによって、議論はより完成されたものになりました。

他の例でも考えてみましょう。

結論　「彼は高給取りである」
根拠　「彼の年収は3千万円である」

これでも議論は成立するかもしれませんが、やはり「なんで年収が3千万円だと高給取りだといえるの?」という論拠を問う質問があるかもしれません。そこで、次のような論拠を設定することによって議論をより強固なものにすることができます。

論拠 「彼の職種の平均年収は600万円だからである」

次の構成もトゥールミンの議論モデルに当てはめて組み立てたものです。

結論 「この会社は業績がよい」
根拠 「5期連続増収増益である」
論拠 「一般に3期以上連続して増収増益の会社は業績がよいといえる」

このように結論と根拠と論拠を整理することは大切なことです。もし仮に、「その根拠からどうして結論がいえるの?」という素朴な質問がきて「ええと、それは……」と口ごもっていたら相手は納得しません。相手にわかりやすく伝えるときには、事前に結論と根拠と論拠を、しっかりと頭の中で整理することが必要なのです。

また、よくある間違いとして次のようなものがあります。

結論 「彼は英語がよくできる」
根拠 「彼のＴＯＥＩＣ（という英語試験）の結果は9百点である」
論拠 「彼は小学校のころから英会話スクールに通っている」

この論拠は、論拠とはいえません。論拠として提示しているのは事実です。したがって、この論拠は根拠を言っているに過ぎません。したがって、「どうしてＴＯＥＩＣが9百点だと英語がよくできるといえるの？」という質問が出てきてしまいます。

もちろん、すべてのプレゼンテーションで論拠を言う必要はありません。ただし、相手から質問があるときや、複雑な議論では明示することが必要です。ですから、結論と根拠と論拠の組み合わせは、皆さんが相手に話をするときに意図的に作ることが必要です。日常的な会話の中で、意識して整理していくとよいでしょう。

ポイント1

結論・根拠・論拠を整理する!

ポイント

2 結論を最初に示す

わかりやすく伝えるためには、結論を最初に伝えることが必要です。ここで、第2章で用いた例で考えていきましょう。

「①鈴木さんは、優秀だと思います。なぜならば、次の3つの根拠があるからです。②第1に、英語で日常会話ができます。③第2に、パソコンを職場でもっとも上手に使いこなすことができます。④第3に、交渉力も相対的に高いからです」

この話を聞き手の立場から分解します。

まず最初に、次の最初の言葉を聞いた聞き手は、全体の地図を描きます。

「①鈴木さんは、優秀だと思います。なぜならば、次の3つの根拠があるからです」

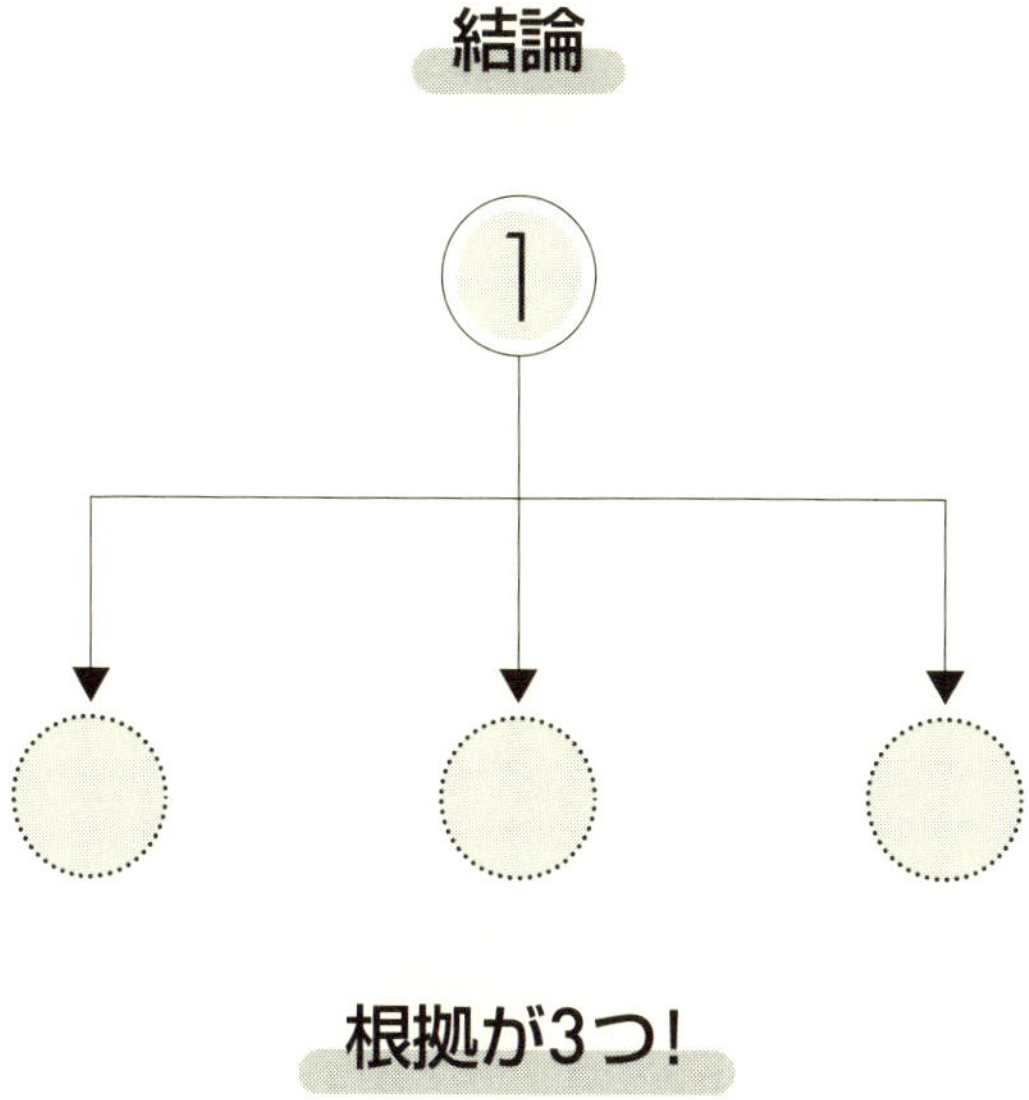
結論
1
根拠が3つ！

根拠が3つだな!

「②第1に、英語で日常会話ができます。③第2に、パソコンを職場でもっとも上手に使いこなすことができます。④第3に、交渉力も相対的に高いです」

頭の中では、「結論がきて、その根拠が3つだな！」と自然に地図ができあがります。

これに対して、逆の順番の話し方をしたらどうでしょう？

「②第1に、英語で日常会話ができます。③第2に、パソコンを職場でもっとも上手に使いこなすことができます。④第3に、交渉力も相対的に高いです。したがって、以上の3つの理由から、①鈴木さんは、優秀だと思います」

こうなります。そして、最初の部分を聞いた聞き手はどのような地図を描いているかというと、部分が少しずつ鮮明になっているだけで、「だから何なの？」という疑問を抱いている状態です。

そもそも、私たちは時間軸に沿って言葉を認識します。一度にたくさんの言葉を、並行して認識することは、普通はできません。スピードの早さの違いはあっても、この原理は

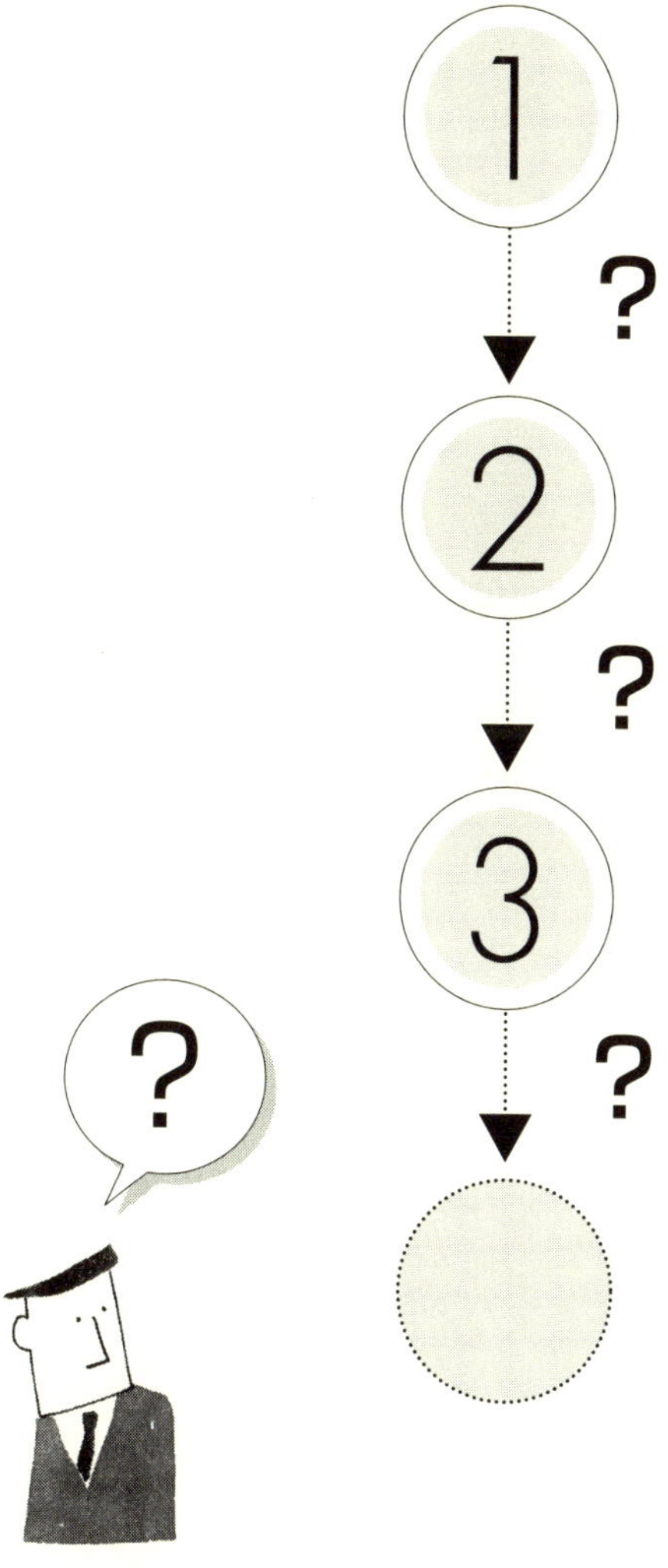
1
?
2
?
3
?
?

免れません。すなわち、最初の言葉と次の言葉の関連性を模索し、考えながら話を聞いているることになります。したがって、この例の地図を描くと、前ページのようなものになるでしょう。明らかに、話し手の意図する地図とは異なるものといえます。

このように、聞き手に容易に地図を作ってもらうために、結論を先に言うことが必要になります。

もちろん、結論を先に言わないで後に言う場合もあるでしょう。ただし、その場合には話の意外性を作りたい場合になります。面白い話というものは、結論が後になります。典型的な例が、落語における最後の「落ち」です。落語は最後に落ちがくるから意外性があり、面白いものとなります。そもそも「落ち」がわかっている落語は面白さも激減するものです。

しかし、ビジネス・プレゼンテーションでは、面白さよりもわかりやすさが優先されます。ですから、地図が描きやすい結論先行型が望ましいものとなります。そして、場合によって、プレゼンテーションの中で注意喚起を行いたいときなどに、結論を後にもってくる方法を用いていくことが望ましいといえます。

ポイント2

結論を最初に示す！

例外

注意喚起を行いたいとき

結論を後にもってくる

ポイント

3 根拠を示す

結論を最初に示したら、根拠を示すことが必要です。根拠とは、結論を裏付ける事実・データということはすでに説明した通りです。直感的には、このことは簡単なことだと片付けられてしまいます。

ところが、この簡単なことが案外難しいものです。どうして難しいのかというと、以下に述べる2つのことが実際には起きやすいからです。

第1に、結論と根拠が結びついていない場合が挙げられます。結論を裏付ける根拠ではないということです。

例えば、次のような話し手の言葉はどうでしょうか?

「彼は仕事がよくできる。なぜかというと、彼はパソコンの資格を持っているからである」

これは、論拠を明示しない事例でもありますが、そもそもパソコンの資格の有無と「仕事ができる」ということは直接的には関係がありません。根拠にはなり得ないものを提示したものといえます。

さらに次の例はどうでしょうか？

「新しく開店するA店は1日100万円の売上が期待できる。どうしてかというと、同規模の既存店がそうだからである」

この根拠は、根拠になりそうですが、曖昧《あいまい》な根拠といえます。なぜならば、厳密には事実・データではないからです。そもそも「同規模の既存店がそう」というのは主観的な判断です。したがって、その主観的な判断がなぜ言えるのか？という問いに対する根拠を明示する必要性が出てきてしまいます。

このように、根拠になりえないもの、あるいは曖昧性のある根拠を明示するのではなく、結論を裏付ける正確な事実・データを明示することに注意しなければなりません。

第2に、「思います」「考えます」という言い方です。事実やデータを言っているつもりなのに、妙に納得性が低く、議論が弱く聞こえる場合を経験したことはないでしょうか？

実際に、プレゼンテーションの研修では、この手の間違いを多くの人が犯しています。すなわち、事実を言った後に「思います」「考えます」が多いということです。例えば、次のような話し方は日常的に用いられています。

「この会社は業績がいいと思います。理由は、製品が競合他社よりもよく売れているからだと思うからです」

「彼は成績優秀者です。理由は、ここ数年の目標達成率が１００％を超えているからだと思うからです」

よく、「事実と意見ははっきり分けよ！」と言われます。まさにその通りです。ところが、実際のコミュニケーションでは、事実を事実として伝えないで意見として述べることは日常茶飯事のようです。特に、この点は注意が必要です。

ポイント3

根拠を示す！

結論を裏付ける根拠を示す

「思います」「考えます」を言わない

ポイント

4 論拠を示す

論拠は、説得や理解を促すための土台となる重要な部分です。次の例をみてください。

結論「彼はプレゼンテーションがうまい」
根拠「彼は、プレゼンテーションの試験で80点をとった」
論拠「プレゼンテーションの試験で70点以上はプレゼンテーションがうまいと言われている」

この例で、論拠がなければ、「80点だからって、なぜプレゼンテーションがうまいって言えるの?」という疑問を呈されてしまいます。その疑問に対して何も答えられなければ、聞き手の理解は得られません。ですから、論拠は重要なのです。

しかし、論拠は、理解しずらいものです。ですから、ここでどのように考えていけばよいのか? というコツをこの章の第1節に用いた例をもとに2つ説明しましょう。

結論 「彼は英語がよくできる」
根拠 「彼のTOEIC（という英語試験）の結果は9百点である」
論拠 「彼は小学校のころから英会話スクールに通っている」

ここで注目してほしいことの第1は、根拠の中の事実・データの基準です。今、9百点といっていますが、それによってなぜ「英語がよくできるのかどうか」は不明です。そこでこの数値でなぜ結論が言えるのかを整理することが重要です。ですから、「○○点以上の人は」ということを言うことが必要になります。事実・データを用いて何かを言うのであれば、そのデータの基準を明確にすればよいことになります。

第2に、結論との関係です。ここでは、「よくできる」と言っています。この言葉はこの議論ではとても重要です。「そこそこできる」のか、「少しできる」のかによって意味はまったく異なってきます。「よくできる」と主張しているわけですから、このことを論拠で明示しないといけません。そこで、もう一度作り直すと次のようになります。

結論「彼は英語がよくできる」
根拠「彼のＴＯＥＩＣの結果は9百点である」
論拠「ＴＯＥＩＣの結果が８５０点以上の人は英語がよくできるという」

このように考えてみると、次の議論も不完全であることがわかります。

結論「彼は、この職場では若い」
根拠「彼の年齢は25歳である」
論拠「25歳は、一般的に若い年齢である」

この議論では、論拠において「この職場では若い」ということまで述べていません。そこで、（論拠）「（この職場の平均年齢は35歳であり）30歳以下は、この職場では若い」のように作り直すことができます。

このように、論拠を明示すること、特に根拠の中の事実・データの基準に注目すること、結論との関係に注目することが必要です。

ポイント4

論拠を示す！

↓

事実・データの基準に着目

結論との関係に注目

ポイント

5 1文を短くする

左の文章は前の節の事例です。

「彼はこの職場では若いですし、年齢が25歳ということもあってですね、この職場の平均年齢は35歳でして、30歳以下はこの職場では若いということでもあるんです」

これでは、どれが結論なのか根拠なのかが不明瞭です。地図を描くといっても困ってしまうでしょう。この原因の主なものとして、1文が長いことが指摘されます。

そもそも、**わかりやすく伝えるためには、ポイントが明確であることが必要です。そのためには1つの文が短いことが必要になります。**

そこで、1文に対して1つの意味を言うことを心がけます。「彼はこの職場では若いといえます」というように、1つの意味だけを1つの文で言うようにします。

ポイント5

1文を短くする!

↓

1文=1意味

ポイント

6 ブリッジを示す

ブリッジとは、**「言葉と言葉の関連性を示す言葉」**のことです。

ここで、第2章で用いた例で考えていきましょう。まず、次の文章を読んでください。

「鈴木さんは、優秀だと思います。英語で日常会話ができます。パソコンを職場でもっとも上手に使いこなすことができます。交渉力も相対的に高いからです」

この構造の地図はすでに見ていただいたので、読者の皆さんはすでにおわかりでしょう。しかし、初めて聞く人にとってみると、不明瞭であり、人によって地図はまちまちでしょう。これではわかりやすく伝えたことにはなりません。そこで、言葉と言葉の関連性を示す言葉＝ブリッジを入れてみましょう。

「鈴木さんは、優秀だと思います。なぜならば、次の3つの根拠があるからです。第1に、

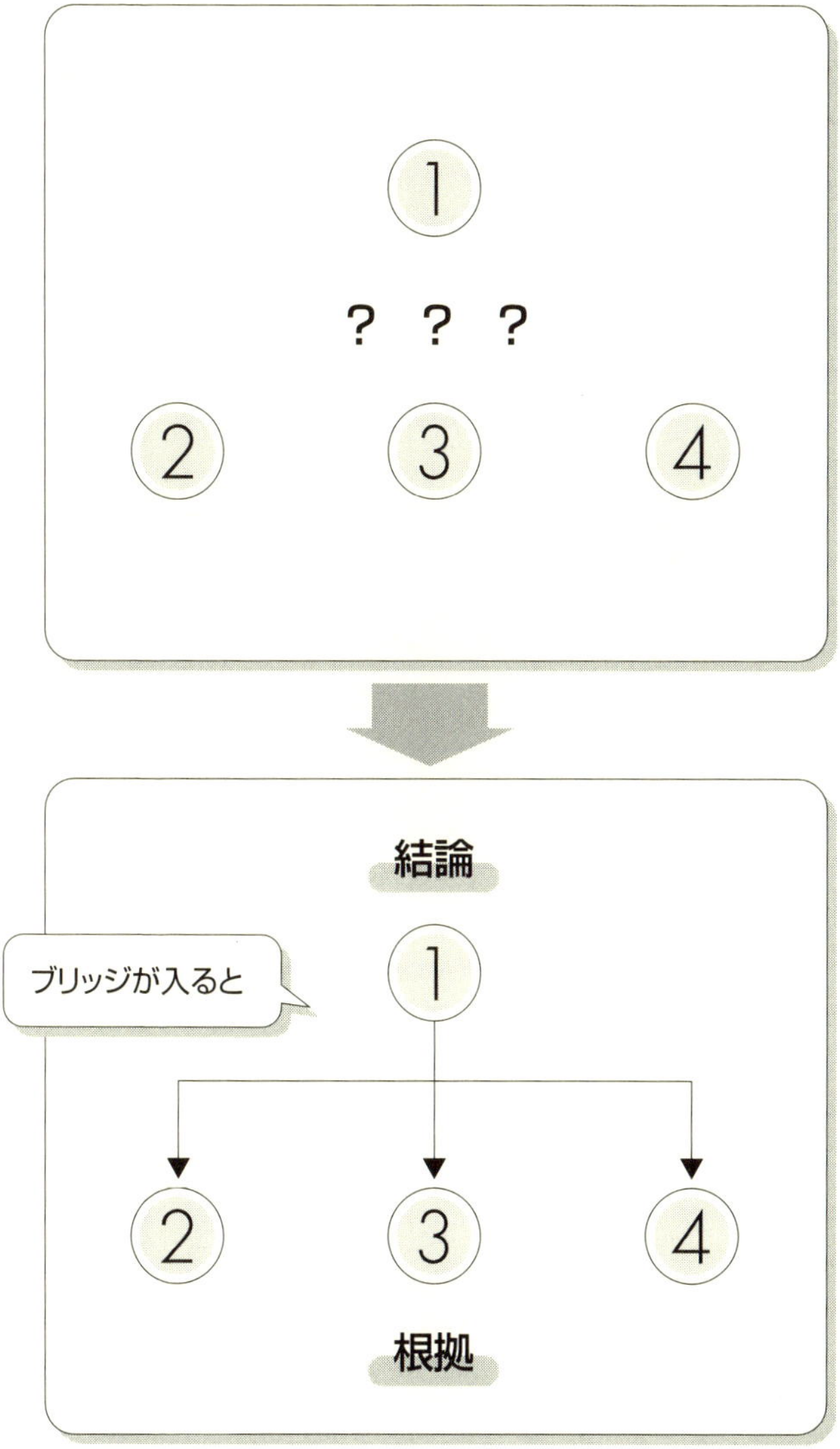
1
? ? ?
2
3
4
結論
ブリッジが入ると
1
2
3
4
根拠

英語で日常会話ができます。第2に、パソコンを職場でもっとも上手に使いこなすことができます。第3に、交渉力も相対的に高いからです」

ブリッジ（右の文章の傍線の部分）が入ることによって、地図はより鮮明になりました。ところでブリッジには、多くの種類があります。大別すると「**長いもの**」と「**短いもの**」になります。長いものは、大きな固まりと固まりを結びつけるときに、短いものは小さな固まりと固まりを結びつけるときに用いられます。大きな固まりというのは、本でいう章、節、項などの固まりを意味します。一方、小さな固まりとは1文を意味します。そして、短いブリッジの代表例が、「**接続詞**」です。

これだけだとピンとこないので、具体例をもとに説明しましょう。

例えば、会社の問題解決について、2つの部分（会社の問題と問題解決の施策）に分けた構成で話したとしましょう（左の図を参照）。当然、会社の問題について述べて、いきなり次の展開にいくと地図は描けません。いきなり施策の論点に入ったのでは唐突すぎます。話し手はわかっているつもりでも、聞き手は何がなんだかよくわかりません。そこで、よりわかるようなブリッジを入れることが必要になります。

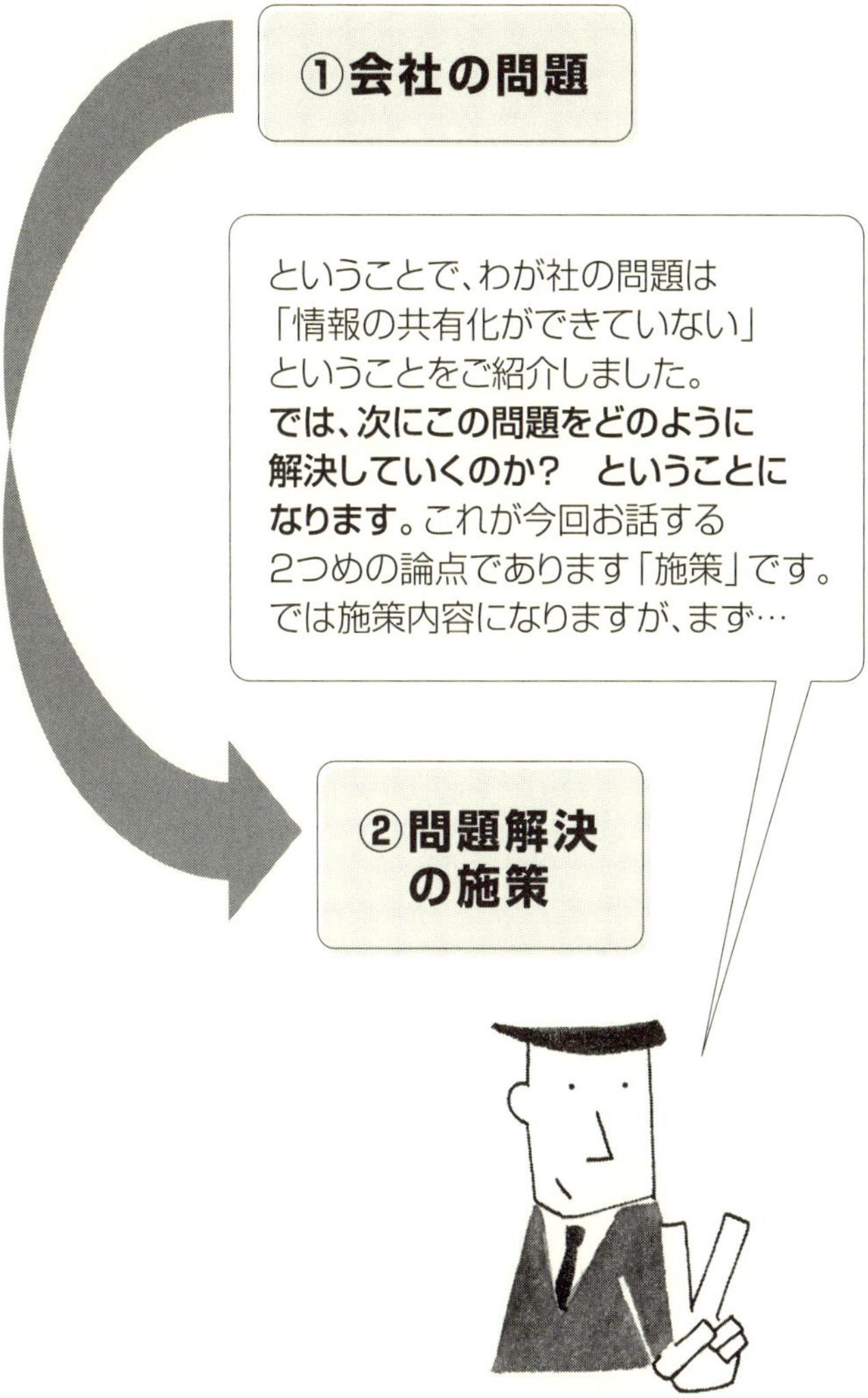
①会社の問題
ということで、わが社の問題は
「情報の共有化ができていない」
ということをご紹介しました。
では、次にこの問題をどのように
解決していくのか？　ということに
なります。これが今回お話する
2つめの論点であります「施策」です。
では施策内容になりますが、まず…
②問題解決
の施策

では、ここでブリッジを整理しましょう。

長いブリッジは、大きな固まり同士をつなぎ合わせる役目をするものでした。具体的な事例としては、次ページの図表の上のようなものがあります。この中で上から3つめ以降は、聞き手に問いかけています。実は、プレゼンテーションがうまい人はこの問いかけのブリッジをよく使っているものです。皆さんもぜひ使ってみてください。

一方、短いものは次ページの図表の下にまとめてあるものが代表例です。先ほど述べたように接続詞がおおむねここに入っています。特にプレゼンテーションの場面では、**接続詞を強調して言うようにしてください。そうすると、地図の線が鮮明に聞き手に伝わります。**

またこの中で、「ただし」「しかし」などの前の言葉を否定する接続詞（逆接関係の接続詞）があることに注意が必要です。実は、聞き手にとって興味のある話を展開するときにはこの逆説を利用することがプレゼンテーションにはよくあります。

なお、「第1に」「第2に」というのはナンバリングといわれるものです。ナンバリングについてはこのあと詳述します。

ここでは、ブリッジを意識して使うこと、ブリッジには長いブリッジと短いブリッジが

長いブリッジの例

- 「このような「○○」をまとめると次のような3点の長所が指摘されます」
- 「これまで概要について説明してきましたので、次に具体的な方法について説明していきます」
- 「以上のようなことから何が言えるでしょうか？　それは、簡単にいうと…」
- 「ここまでで『では、どのようにしてそれをするのか?』というような疑問をもたれた方がいるでしょう。それをこれから説明します。」
- 「先に『○○が必要なんだ』ということを伝えましたが、本当にそれが必要なんでしょうか？　この点について皆さんと考えていきます」
- 「さて、これまでで具体的な方法については理解できました。ところが、これらを実際に実施するとなると話は別ですよね？　そこで、これから実際に体を動かして練習してみましょう」

短いブリッジの例

- **接続詞**
  「したがって」「なぜならば」「というのは」「また」
  「ただし」「しかし」
- **ナンバリング**
  「第1に」「第2に」

あることを特に留意してください。

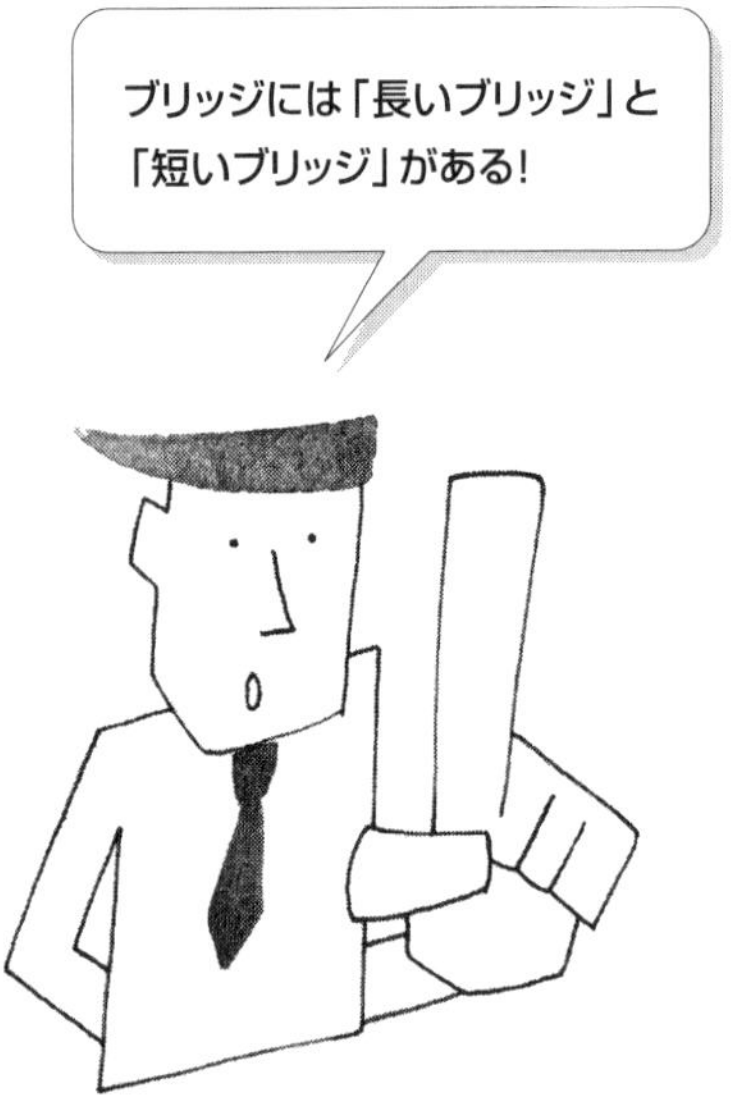
ブリッジには「長いブリッジ」と
「短いブリッジ」がある!

ポイント6

ブリッジを示す！

長いブリッジ

短いブリッジ

ポイント

7

ナンバリングで示す

ナンバリングとは、**話の論点に対して番号を明示して相手に伝えること**を意味します。例えば、「第1に……」「第2に……」というものです。これは日常的によく耳にするものでしょう。したがって、あまり多くの説明は必要ないかもしれません。

ただし、**2つほど留意点があります。**

第1の留意点は、3～4つの論点にまとめるということです。5以上のものはなるべく避けたほうがいいでしょう。

今まで数多くのプレゼンテーションを見てきたなかで、5つ以上のものを稀《まれ》にみかけます。ところが、これでは聞き手がなかなか認知できない場合が多いようです。現に、話し手であるプレゼンターに「今の5つの論点を言ってみてくれませんか?」と問いかけをすると、即答できない場面が少なくありません。そうなると、話し手が覚えきれないものを、聞き手に伝える必然性はどこにあるのでしょうか? そもそも、聞き手の認知のための地図を作り出そうという意図のためにナンバリングは使われるべきです。ですから、ナンバリングは聞き手が認知できる範囲内に設定することが必要になります。

もちろん、そうは言っても論点が多い場合は否定できません。例えば、事例を列挙して議論を組み立てるときです。事例を列挙する場合は、5つ6つなどと数は増えていくでしょう。しかしながら、ここで言っているのは事例ではなく、論点となります。論点は、話の要旨であり、ポイントになります。複数の事例や事象を集約してまとめた概念といえるものです。この集約した概念はとても重要です。そして、この点は留意すべき2点めにもなります。

第2の留意点は、適切な言葉で論点に集約するということです。適切な言葉に集約するとは、複数の情報をもとに、それらを包含する1つの言葉に表現することを意味します。

例えば、今、次のような言葉があるとしましょう。

① Aさんは、入社以来3年間で遅刻を1回もしたことがない。
② Aさんの机の上は、他の人に比べて整理されている。
③ Aさんは、席を10分以上離れるときには必ず近くの人に声をかけていく。

この3つの文=情報から、論点を作成するとしたらどのようなものになるでしょうか?

例えば次のようにしたら、言いたい内容が多すぎて集約したことにはなりません。

「Aさんは、入社以来3年間で遅刻を1回もしたことがなく、机の上は、他の人に比べて整理されていて、席を10分以上離れるときには必ず近くの人に声をかけていく」

これでは事象をそのまま言っているに過ぎません。つまり、1つの意味で言うことが必要だということです。したがって、次のような表現がより望ましいものになります。

「Aさんは、真面目である」

以上、ナンバリングそのものは単純な方法になりますが、3～4点に絞ること、適切な言葉で論点に集約することに留意しなければなりません。

ポイント7

ナンバリングで示す!

3～4つにまとめる

適切な言葉に集約する

ポイント

8 主語と述語を一致させる

主語と述語を一致させるとは、主語に呼応する述語を用いることを意味するものです。

よくある間違いとして、次のような表現があります。

「私の職場の問題は、えーと、現在私は営業をしていまして、3年になるのですが、やはり重要なことは顧客満足をいかに推進するかが目標となります」

このような表現は、集中して聞いていないと聞き流してしまうものです。しかし、よく吟味してみると意味のないことを主張していることがわかります。この文の主語は、「問題は」です。したがって、「問題は、○○ということです」となるでしょう。ところが、「職場の問題は、重要なことは顧客満足をいかに推進するかが目標となります」となっていて、主語に対して、それ以降の言葉の関連性が曖昧《あいまい》になっています。これでは意味が通じません。

では、なぜこのようなことが生じるのでしょうか？　その原因は、余分な言葉が多いことが挙げられます。余分な言葉とは、この場合、「現在私は営業をしていまして、3年になるのですが」「重要なことは」「目標となります」になります。

そもそも、私たちは他者に自分の考えを伝える場合、途中でさまざまな言葉が頭に浮かんできます。そして、その言葉をつい口に出してみたくなることが多いものです。また、つい口が滑《すべ》ったということもあるでしょう。そうなると、1つの文の中にさまざまな言葉が二重三重と重なって自分でも収拾がつかない事態に陥ってしまうことになります。

実際に、先の例で余分な言葉を除いた方が意味はより鮮明になります。

「私の職場の問題は、顧客満足をいかに推進するか」

しかし、まだ十分とはいえません。そこで少しだけ修正してみましょう。述語を整えるのです。

「私の職場の問題は、『顧客満足をいかに推進するか』です」

こうなると、日本語としてはより明確になります。さらに、これでは「問題」としての意味をより明瞭にするためにさらに次のように変えるとよいでしょう。

「私の職場の問題は、『顧客満足が低い』ということです」

そうした上で、より話を膨《ふく》らませていきましょう。

「私の職場の問題は、『顧客満足が低い』ということです。なぜならば、次の3つの理由があるからです。第1に、私の現場での経験が挙げられます。私は現職に就いて3年になります。その3年間の中で、お客様から……」

こうなると、論理の展開もよりわかりやすく伝わります。基本は1文を短くするということがやはり大切なのです。

ポイント8

主語と述語を一致させる!

余分な言葉を言わない

ポイント

9 述語をはっきりと言う

述語をはっきりと言うとは、語尾を明確に言うこととほぼ同じことだと考えてください。

そもそも、日本語において、もっとも重要な部分は述語だと考えることができます。なぜならば、述語が文全体の意味を規定するからです。

例えば、次のような文を読んで皆さんはどのように意味を受け取るでしょうか?

「最近の若者たちは、自分勝手……」

これだけを読むと、なんとなくわかったような感じがします。ところが、「自分勝手である」のか「自分勝手でない」のかは、最後まで言い切っていないことに注意が必要です。ですから、意味そのものは宙ぶらりんの状態といってよいでしょう。そして、問題は、いま文として書いているからそれが明らかになっているということです。つまり書いているものを読むのではなく、他者の話を聞いている状態では、不明瞭で、曖昧《あいまい》なままで済まされてしまうでしょう。それが大きな誤解を生む要因になることも考えられます。

具体的には、話の中では、文末になるにつれて声が小さくなる状態がそれです。これを「フェードアウト」と呼んでいます。実は、フェードアウトになってしまう人は意外に多いのが実態です。プレゼンテーションの研修の中では20人に1人はこの症状が顕著な方がいます。そして、その方の言葉をつぶさに観察してみると、癖として染み付いていることがわかります。

ですから、先ほどの「……」の部分は、実は、フェードアウトを表現したものと理解してください。例えば、前半部を意識して大きな声で、語尾を小さな声でやってみるとよいでしょう。フェードアウトがどのようなものかが体験できます。

「最近の若者たちは、自分勝手だといわれています」

このように話すとなんとなく、口でもごもご言っている印象を人に与えるでしょう。これでは意味を正確に伝えられません。では、もう1つ例を見ていきましょう。

「最近の若者たちは、自分勝手」

これは体言止めで文を終わらせています。これはフェードアウトではなく、意図的に体言止めで終わらせるものです。ちなみに、体言とは名詞・代名詞の総称です。よく俳句などで使われるものです。確かに、俳句は不思議な余韻が残り、人の心に訴える力をもっています。

しかし、プレゼンテーションでは望ましい場合が少ないといえます。例えば、次のような話を聞いてどのように皆さんは理解するでしょうか?

「彼は優秀。マネジメントだけでなく、心理学、統計学。先日も、彼はメンバーの動機づけについて話していました。その内容は複雑。それはそれは難解。難しい内容でした」

こうなると、友達同士の会話に近いでしょう。プレゼンテーションの場では、失笑さえも誘ってしまうかもしれません。ただし、このような話し方をする人が稀《まれ》にいるので、あえて注意が必要だといえます。

ポイント9

述語をはっきりと言う!

↓

フェードアウトをしない

体言止めを多用しない

ポイント

10 「あ行」を言わないようにする

「あ行」とは、筆者が名づけたものですが、「あのー」「えー」「うー」「おー」の総称です。特に、あ行で始まる言葉が多いので「あ行」と名づけました。

実際に、プレゼンテーションの中では、次のような話し方がよく見られます。

「ええと、今回は、えーと、私は、部下指導について、えーと、話してみたいと思います。えーと、部下指導は、えーと、部下との信頼関係がもっとも、えーと、大切だと思うわけです。えーと、それはなぜかといいますと、えーと、叱ったりすることも時には必要で、えーと、そこで信頼関係がないと、えーと、ただ反感を買うだけで、ええと、効果が得られないからです」

読みづらいと思われた方が多いのではないでしょうか？　読んでみると、回りくどいと感じるものです。ところが、実際の話し方ではこのように「えーと」を連発するプレゼンテーションが多いものです。では、このあ行を除いて読んでみましょう。

「今回は、私は、部下指導について話してみたいと思います。部下指導は、部下との信頼関係がもっとも大切だと思うわけです。それはなぜかといいますと、叱ったりすることも時には必要で、そこで信頼関係がないと、ただ反感を買うだけで効果が得られないからです」

「あ行」には、文字通り「あ行」だけでなく、これに類する言葉もあります。その代表的なものは、「とー」「まぁ」「でー」です。例えば、「まぁ」が入る話し方とは次のようなものです。

「今回は、まぁ、私は、部下指導について話してみたいと思います。まぁ、部下指導は、部下との信頼関係がもっとも大切だと思うわけです。まぁ、それはなぜかといいますと、叱ったりすることも時には必要で、まぁ、そこで信頼関係がないと、ただ反感を買うだけで効果が得られないからです」

では、これらはなぜ出てしまうのでしょうか？　その原因の根底には、「沈黙が怖い」

という意識が働くことが挙げられます。沈黙＝間が怖いために、余分な言葉でなんとかその場をしのぎたいという気持ちが働いているのです。

実際、筆者もそうでした。学生時代はもとよりビジネスマンになっても常に恐怖感を持っていたものです。沈黙が非常に怖かったため、「あ行」を連発していたことは学生時代などの友人が誰しも認めるところだったと思います。

もし、あ行が出る人が読者の中にいたら、ぜひ沈黙として活用してください。沈黙は、不思議な効果があります。沈黙を作ることによって、どのような効果が得られるか、意図的に実践してみるとよいでしょう。自分でもびっくりするぐらい、周囲の見る目が違ってきます。

ポイント10

「あ行」を言わないようにする!

沈黙を怖がらない

ポイント

11 ゆっくりと明瞭に話す

次のポイントは、**ゆっくりと明瞭に話す**ということです。このことを説明するために、スピードについて考えてみましょう。

そもそも、私たちの話すスピードはどの程度なのでしょうか？　実は、１分間に平均して３５０文字程度です。筆者の場合、正式のプレゼンテーションで計測したところ３２０文字でした。これは、もちろん漢字も織り交ぜた普通の原稿の場合です。やはり、１分間あたり３５０文字程度が通常のスピードといえるようです。

ここで注意したいのが早口になってしまうことです。その要因として、緊張して早口になることがもっとも多いようです。私たちは、緊張すると、早くその場を逃げたい、切り抜けたいという意識が働いて、早口になってしまいます。その結果、どのくらいのスピードになるのでしょうか？　実は、１分間に４５０文字程度にもなってしまうのです。しかも、沈黙（間）をあけないで一気に話してしまうことになります。こうなりますと、「あの人は早口で、言っていることがよくわからない！」という印象を聞き手に与えてしまいます。これでは、わかりにくく伝えてしまうことになります。

そこで、ゆっくりと明瞭に発音することを心がけることが大切になってきます。緊張しても、怖がらずに、ゆっくりと明瞭に話すようにしましょう。もちろん、この際、あ行などの無駄な言葉は話さないことが鉄則です。

その一方で、「話がうまい人は早口ではないか?」という異論もあるでしょう。その通りです。実際、有名なアナウンサーの中には、かなりのテンポで話している人がいます。それこそ、瞬間最大風速は、1分間に600文字という人もいます。ですが、そのような人の話をよく観察してみてください。スピードの緩急があることがわかるはずです。ゆっくりと話すところでは、1分間に300文字程度、そして速いところでは500文字程度となっていたりします。つまり、スピードの幅があるのです。講談師の熟練した話術を観察すると、このことがよくわかります。

では、私たち、話のプロではないビジネス・パーソンはどうすればよいのでしょうか?まず、原則は「**ゆっくりと明瞭に話す**」ことが重要です。そしてその上で、慣れてきたら**スピードに変化をもたせる**ように話すとよいでしょう。

具体的には、プレゼンテーションの原稿をまず書いてみることをお勧めします。プレゼンテーションのフル原稿を書いてみるのです。この際、ワープロソフト（もしくはワープロ）で書くことをお勧めします。次に、ワープロソフトで文字数をカウントしてください。通常のワープロソフトであれば、「文字カウント機能」が付いていることでしょう。すると、原稿全体の文字数が把握できます。そうしておいて、本番をなるべく意識したプレゼンテーションの練習をしてください。同時に、プレゼンテーションの練習の時間を計測してください。結果、1分間あたりの時間が算出できます。もちろん、練習の際にもあ行などの無駄な言葉を言わないことに留意してください。そうすると、あなたの標準的なスピードが算出できるでしょう。もし仮に、少し速いようであれば遅くすることがこれによって可能となります。

以上のようにしてゆっくりと明瞭に話すことができるようになれば、次のステップとしては緩急をもたせていきましょう。

ポイント11

ゆっくりと明瞭に話す！

↓

慣れてきたら変化をもたせる

COLUMN

聞き手の心理に訴える

アイコンタクトは、プレゼンテーションでは必ずやるものだとよく言われます。しかし、必ずしもそうではない状況があります。そのひとつが、ビジネスショーなどの会場でのプレゼンテーションです。

私は、コンピュータ・システムの営業に携わっているとき、会場のブースに多くの人を集めることができました。効果的なプレゼンテーションになっていたのです。

そのコツは何かというと、「人の目を見ない」ということです。つまり、聴いてくださる方のひとつ上を見るのです。例えば、30名ぐらい集まっていたら、最後列で聴いている方の頭ひとつ上を、さも人がいるように見るのです。そうすると、興味深い心理状況が働きます。最後列の方は、「私の後ろにも人がいるんだ！」と勘違いしてくださるのです。その結果、足を長く止めて聴いてくださるというわけです。

そもそも私たちは、ひとりだけ、あるいは少人数で足を止めて見聞することを避ける傾向があります。このことを踏まえて話すことは、話し手の心遣いのひとつといえます。

第4章

わかりやすさを倍増させる表現テクニック

ポイント

12 ボディランゲージによって表現豊かに伝える

これから応用テクニックを説明します。まず最初は、表現テクニックです。表現テクニックのポイントの1つめは、ボディランゲージによって表現豊かに伝えることです。まず、具体的なテクニックに触れる前に、プレゼンテーションにおいてボディランゲージがどのくらい重要なのかを確認しましょう。

ボディランゲージの重要性でよく引用されるのがアルバート・メラビアンの研究結果です。アルバート・メラビアンは、人間対人間のコミュニケーションの要素を、言語（言葉そのもの）と準言語（イントネーションなどの抑揚）と非言語（言語や準言語以外のボディランゲージなど）の3つに分けました。そして、コミュニケーションにおける影響の割合をこの3つの要素でどのくらいになるのかを調査しました。その結果、言語が7%、準言語が38%、非言語が55%になったということです。したがって、私たちが直感的に考えている以上に、ボディランゲージが与える影響が大きい、ということになります。ボディランゲージの重要性を示すものとして、1つの根拠といえるものでしょう。

アルバート・メラビアンの研究結果

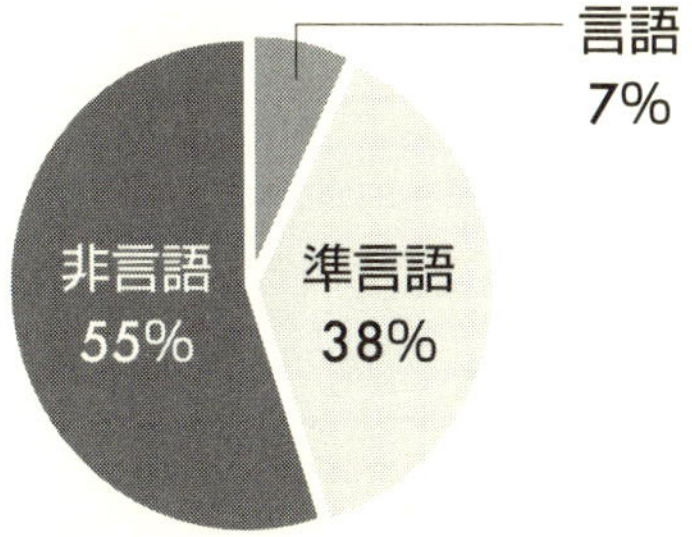
言語
7%
準言語
38%
非言語
55%

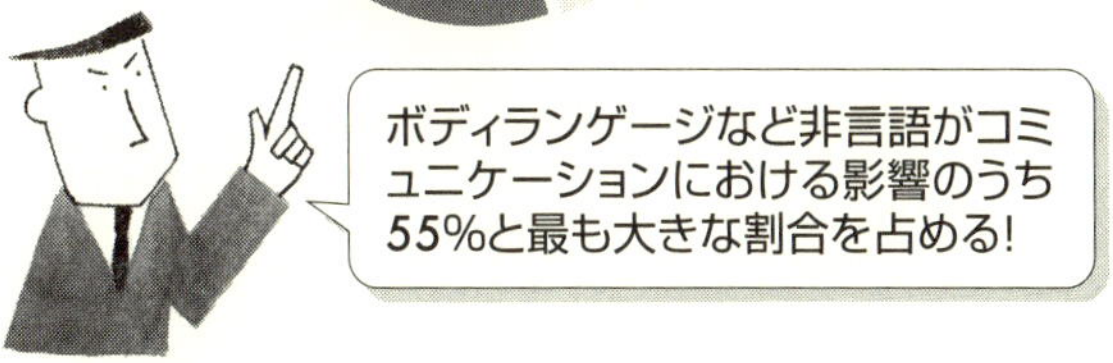
ボディランゲージなど非言語がコミュニケーションにおける影響のうち55%と最も大きな割合を占める!

では、どのようにしてボディランゲージを実践すればよいのでしょうか?

まず第1に、背筋を伸ばすことです。猫背ではよくありません。胸を張って、姿勢を正して話すことが必要です。どうしてかというと、背中が丸まっていると、それだけで自信がない態度に見えてしまうからです。自信がない製品を勧められて買うお客様は、概して少ないものです。自信がない企画案を採用する経営層も少ないでしょう。背筋を伸ばして、自信があることを相手に示すことは最低限にやるべきボディランゲージといえます。

第2に、自然なボディランゲージを心がけることです。取って付けたボディランゲージは、あまり心を打つものとはいえません。

以前に、ボディランゲージを大きく、意図的に実践しているプレゼンテーションを見たことがあります。それは、ややもすると失笑を買うような部分もありました。中では、「さあ、みなさんどうでしょうか？」と言いながら両手を大きく広げ、演技がかった動きをしている場面がありました。これでは、内容よりも表現の方ばかりに聴衆は気を取られてしまうでしょう。

そもそも、私たちは普段の気の置けない仲間と話すときには、身振り手振りをしながら話しているものです。それが自然なコミュニケーションのボディランゲージです。そんなときには、別に違和感を感じないものです。ですから、適度に、そして自然なボディランゲージをすることで十分に内容は伝わるものと心得てください。

ただし、意図的にあえて実践すると、より自分の話がわかりやすく伝わるときもあります。次にその代表的なものを説明しましょう。

そこで第3に、**意図的に実践すべきボディランゲージがあることが挙げられます。その代表的なものは5つあります。**

1つめは、アイコンタクトです。アイコンタクトは「相手の目を見て話す」ことを意味します。これは重要ですので、次の節で詳しく説明していきます。

2つめは、論点（ポイント）を示すときには、指で示すということです。具体的には、例えば、「1つあります」「2つあります」「3つあります」というときに指でその本数を立てるしぐさのことを意味します。これは、皆さんもよくやっていることではないでしょうか？ これによって、論点を視覚的に相手に明確にするという効果が得られます。大勢の聴衆がいる前でも、今度は意図的にやってみてはいかがでしょう。

3つめは、第三者の会話を演じるときには身体の向きを変えるということです。これは、2人の会話を演じるときに使われるものです。落語でよく見るしぐさです。例えば、次のような話と動きになります。

「この前、お客様との会話で面白い会話があったんです。」（身体を左に向けて）「お客様が『お宅はこれはできるんですか?』っておっしゃるんですね」（身体を右に向けて）「そこで私は答えたんです。『もしできるのであれば、御社にとってメリットがあるということですね?』」（身体を左に向けて）「お客様は、『そうだねー。もしできるようだったら、うちはすぐに欲しいんだけどねー』とおっしゃるんですね」

実は、このような会話（引用）形式の話し方の技術をコーテーションといいます。これについては、また後で説明しましょう。

いずれにしても、2人の会話を表現するときには、このように身体の向きを変えて話を

お宅にはこれが
できるんですか?
もしできるので
あれば…
そうだねー。
もし…

した方が効果的です。そのメリットは、会話であることが聞き手に明示できること、誰が何を言ったのかが視覚的に理解できること、そして臨場感があることが挙げられます。

4つめは、デモンストレーションをすることです。デモンストレーションは、実演ともいわれます。ですから、コンピュータなどを使ってその機能を実際に見てもらうことなどが通常行われています。ただし、ここで言っているデモンストレーションは機械を実際に動かすのではなく、何かを扱っている様子や、やっている様子を身体で示すことを意味しています。例えば、ややわかりにくい機械操作を説明するとき、その機械がなくとも身体だけで動きを表現するだけでも相手によりわかりやすく伝わるものです。

5つめは、聞き手に近づいていって話すということです。これは、小さな動きではなく、大きな動きになります。そもそも、私たちは、プレゼンテーションの際、話し手が近づいてくると緊張し、ボーとしていることができなくなってしまうものです。ですから、注意喚起にはもってこいのボディランゲージの1つといえます。

なお、聞き手に近づくときには、ゆっくりと話しながら、少しずつ近づくようにしてください。そうすると、話し手の話にだんだんと集中していく聞き手の様子を感じながら、あなたはプレゼンテーションを展開することができるでしょう。

以前、御社では…
ですが…
困りますよね?

例えば、次のようにしていきます。

（1歩前に出て）「以前、御社ではAを導入されましたね？」

（1歩前に出て）「ですが、うまく機能していませんでした」

（1歩前に出て）「困りますよね？」

最後に、やってはいけないボディランゲージがあるので、それを説明しましょう。**やってはいけないボディランゲージの代表例は3つあります。**

1つめは、上半身に手をやらないということです。なぜならば、自信がない態度に見えてしまうからです。頭、ほほ、あご、耳、鼻に手をやらないことに留意してください。

2つめは、直立不動のままでは話さないということです。これでは変化がないので、聞き手の注意喚起を誘うことはできません。自然なボディランゲージを心がけてください。

3つめは、後ろで手を組まないことです。後ろで手を組むと、肝心のボディランゲージが出てきません。手を組まずに、適度に手が動くようにしましょう。

ポイント12

ボディランゲージによって表現豊かに伝える!

背筋を伸ばす

自然なボディランゲージ

意図的なボディランゲージ

やってはいけないボディランゲージ

ポイント

13 アイコンタクトにはコツがある

アイコンタクトは先述の通り、相手の目を見て話すことです。これは、プレゼンテーションでは重要な要素になります。実際に、プレゼンテーションに関する書籍では、必ずといってよいほどの定番になっています。

実は、アイコンタクトのコツは、2つに大別されます。1つが相手に合わせるということと、もう1つは相手の目をなるべく見るということです。

前者は、1対1の少人数のプレゼンテーションの場面で必要になってくる技術です。そもそも1対1のコミュニケーションでは、相手の目を見る時間は、特に日本人の場合は長くはありません。「日本人の場合は、3秒を基準にして5秒までが目安である」という研究成果もあるぐらいです。そこで、話し手が相手の目をじっと覗《のぞ》き込んで話をしていてはどうでしょうか？　日本人の場合には、違和感があるはずです。聞き手にとっては、ある意味では居心地の悪い会話となってしまいます。

そこで1対1の場合には、相手に合わせることが必要になってきます。すなわち、相手

相手に合わせる
相手の目をなるべく見る

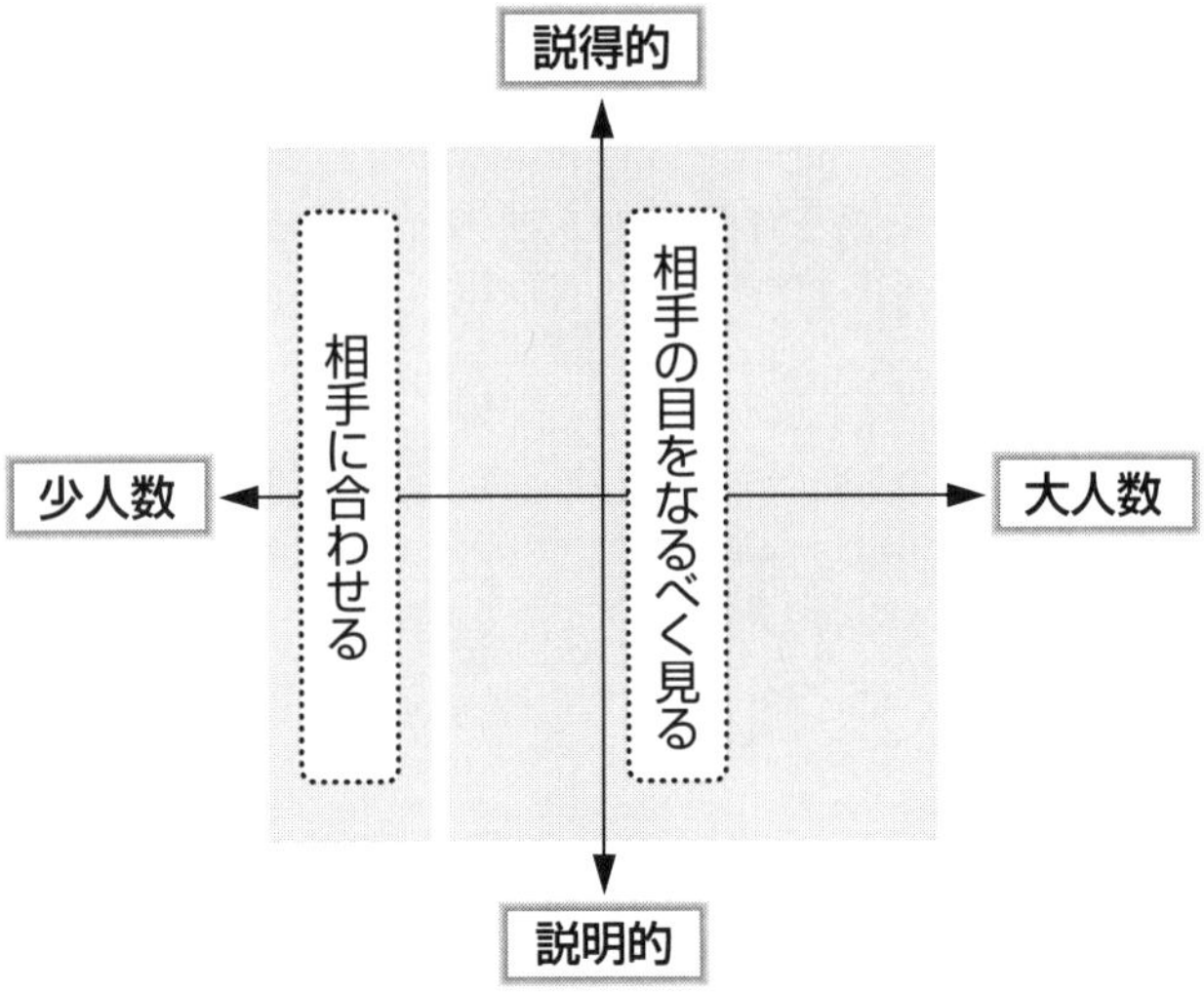

が話し手の目を見る傾向が強い場合には「目を見て話す」ようにして、逆に相手が話し手の目を見ないで話す傾向がある場合には「あまり目を見ないで話す」ということです。

次に、聞き手が複数（2名以上）いる場合は、まんべんなくアイコンタクトをするようにします。この場合、なるべく相手の目を見るようにします。ただし、2～3名で、その中にさきほどの「目を見て話す」タイプの方がいる場合には、やはり相手に合わせるようにします。

さて、聞き手が4名以上と多い場合にはどのようにアイコンタクトをしていけばよいのでしょうか？　実は、これもコツがあります。そのコツというのは、3つあります。

1つめは、フレーズ（節）ないしは、センテンス（文）をなるべく1人に対して話すということです。アイコンタクトは、あまり空中をさまよっていては自信がないように受けとめられてしまいます。しっかりと、聞き手の誰かを見ていることを示しましょう。ですから、1人ひとりの滞留時間を長くするために、節や文のまとまりごとに1人を見て話すようにします。

2つめは、話を積極的に聞いてくれる人にアイコンタクトをしながら話すということです。典型的な動作が、頷《うなず》きながら聞いてくれる人です。カウンセリングでは、頷きや相づちのことを、「最低限の励まし」と呼んでいます。プレゼンテーションの話し手は、とにもかくにも緊張しやすいものです。ですから励ましてくれることを自分の力にしてプレゼンテーションをしていくのがコツです。

3つめは、ときにはアイコンタクトをしないということです。プレゼンテーションではアイコンタクトが鉄則ということで、それに固執する風潮があります。しかし、人間の話し方は自然なものです。アイコンタクトに固執せず、ときには目を伏せて話すこともあってよいでしょう。

以前、筆者はあるプレゼンテーションで感動したことがあります。話し手は、アイコンタクトをそれまで明確にしていました。ところが、ある場面になるとアイコンタクトをせずに目を伏せて話をしていました。それは、悲しい場面に話題が転じたときでした。多分、感情的に、目を見て話すことができなかったのでしょう。しかし、逆にそのことによってその状況がどれほどのものなのかを聞き手は強く感じることができました。

アイコンタクトは絶対だという考えがプレゼンテーションの技術の世界にはあります。しかし、ただ機械的にそれを実行すればよいのかというと、そうではないのが実態です。なぜならば、プレゼンテーションとは、話し手と聞き手の、人間対人間の間で営まれるコミュニケーションだからです。訴えかけるとき、説明する場面ではアイコンタクトをすることは前提です。

ただし、どうしてもそれができかねる場面では、その感情に自然に身を任せたほうがよいでしょう。それが、逆に陰影をかもし出して、人の心を動かすプレゼンテーションになるものです。

ポイント13

アイコンタクトにはコツがある!

1対1

相手に合わせる

1対複数

フレーズ・センテンスを1人に話す
積極的に聞いてくれる人を探す
ときにはアイコンタクトをしない

ポイント

14 スピードをコントロールする

第3章で、「ゆっくりと明瞭に話す」と述べました。これは原則論です。ですので、ここではさらに上のステップを説明しましょう。それは、「**スピードをコントロールする**」というものです。例えば第3章では、話のうまい人はスピードの緩急があるという点にふれました。この点を詳しく確認していきます。

まず、プレゼンテーションの全体構造によってスピードをどのように変えていくのかを説明しましょう。

プレゼンテーションの構成は、通常、「序論」「本論」「結論」の3つによって設計します。この3つの要素は第5章で説明しますので、ここではこの全体の構成に対してどのようなスピードで実践すればよいのかを述べます。

まず、**序論**です。**序論の最初は、比較的ゆっくりと話します。**なぜならば、聞き手一人ひとりによってスピード感覚が異なるからです。スピード感覚が遅い人の場合、いきなり速いスピードだと最初からついていけません。最初は相手のペースに合わせるのです。聞

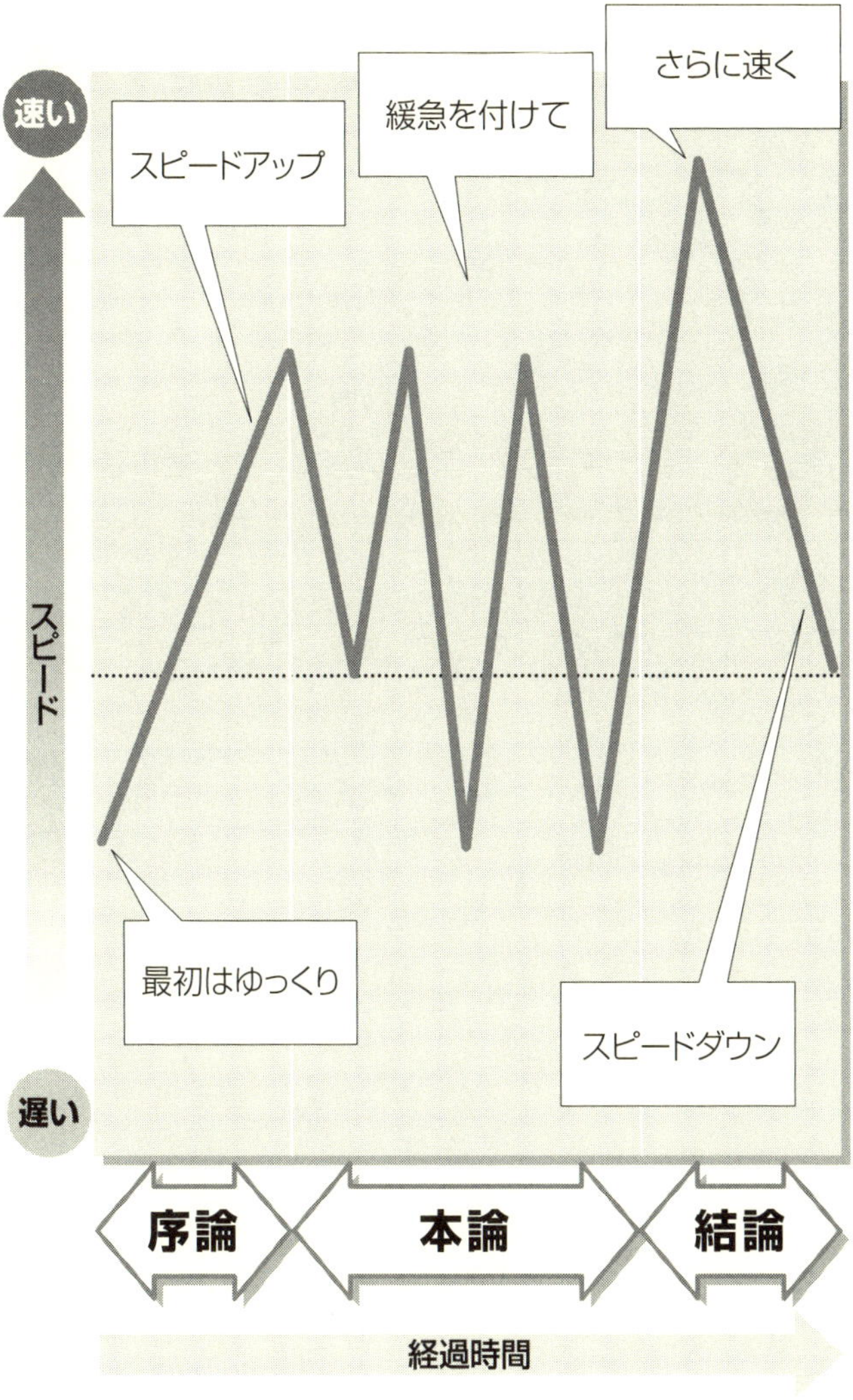

速い
遅い
スピード
スピードアップ
緩急を付けて
さらに速く
最初はゆっくり
スピードダウン
序論
本論
結論
経過時間

き手が多い場合は、特に遅い人に合わせていくことが原則です。

そして、相手のペースに合わせたら、少しずつこちらのペースにしていきます。すなわち、少し速めのペースにしていくのです。なぜならば、ゆっくりと話しているままだと冗長に聞こえてしまうからです。これでは、聞き手は飽きてしまいます。面白く、興味を持たせるためにも、変化をつけていきます。

次に**本論**です。**序論の終わりに少し速めになったら、本論の中で緩急を付けていきます。**どのように緩急を付けるのかというと、次のような視点を参考にするとよいでしょう。

●遅く話す場面

＊重要な言葉を言うとき

＊相手に問いかけ（質問）をするとき

＊難しい言葉を言うとき

●速く話す場面

＊重要ではない言葉を言うとき

*事例を列挙するとき
*資料などの言葉をそのまま読むとき

ただし、これらを行うときには、あくまでも自然に行うことが必要です。ここ一番というときには、私たちは口角泡飛《こうかくあわと》ばして話すこともあります、そのときの、勢いや熱意は自然なものであり、とても大切なものです。ですから、自分の「伝えたい」という意欲があれば、緩急の目安はあまり重要視しないでよいでしょう。

最後に、**結論**です。結論は、最後のクライマックスです。**ここでは、少し速めにして盛り上げていきます。**勢いを付けて、「伝えたい！」という熱意を表現します。

ただし、早口のまま終わるのは好ましくありません。**終了につれて、少しずつスピードダウンします。**特に、重要な点やキーワードを言うときにはゆっくりと話しましょう。

以上のようなことが序論、本論、結論におけるスピード・コントロールのテクニックになります。そして、これらを実践する場合の留意点があるので確認しましょう。

それは、これらのスピードの緩急は、あくまでも目安だという点です。原則は、「ゆっくりと明瞭に話す」ことです。ですから、ある程度の余裕、すなわちコントロールができるようになってから意識して実践すること、そして**状況に合わせて緩急の変化を変えることが必要だ**ということです。例えば、聞き手が若い人ばかりのときには、序論の最初は少し速めのペースで始めた方が望ましいものといえます。現に、著者は新入社員の方々が研修の受講者の場合、通常よりも速めのスピードを心がけるようにしています。若い人に対して、ゆっくりとしたペースだと「遅すぎる！」という印象をもたれてしまう傾向が強いものです。

聞き手のタイプや状況に合わせて話すスピードをコントロールする!

ポイント14

スピードをコントロールする!

↓

序論:遅く→速く

本論:緩急を付けて

結論:特に速く→遅く

ポイント

15 コーテーションを適度に入れる

次のポイントは、**コーテーションを適度に入れる**ということです。コーテーションとは、**引用句のことです**。中学のとき、英語の時間にコーテーション・マーク（〝）というのを習ったと思います。あの会話のときに用いる印から、コーテーションと呼んでいます。日本語でいえばかぎ括弧（「　」）です。

ではなぜ、コーテーションが必要なのでしょうか？

その理由の第1は、注意喚起です。コーテーションが入ると、臨場感が生まれ、面白くて、聞き手はつい聞いてしまうものです。例えば、次のような語り口になります。

「この前、新しくできた店に行ったんです。そうしたら、『いらっしゃいませ』って挨拶されました。当たり前ですね。『いらっしゃいませ』って。ところが、違うんです。その『いらっしゃいませ』が。……なんとも親しみやすく、爽《さわ》やかな笑顔で、『いらっしゃいませ』と言うんです。いやー、心が一瞬にして爽やかになりました。……」

ここで、「挨拶されました」だけだと臨場感がなく、気持ちが伝わらないでしょう。もう1つ例を見ていただきましょう。

「先般、技術部の方がおっしゃるんです。
『この寸法が少しだけ合わない』と。
そこで、質問させていただいたんですね。
『合わないというと、どのくらいなんですか?』
そうしたら、
『実は、設計ミスで、寸法が少し小さいんです』
で、私はお尋ねしたんです。
『設計ミスというと、それはいつ頃からおわかりだったんですか?』

この会話形式の展開は、落語に似ていませんか? そうです。落語の表現技術は、まさにコーテーションの連続技なのです。

例えば、次のような会話の連続です。

『おい、おい。熊吉、それではだめだよ！』
『じゃあ、ご隠居、どうすればいいってんですか？』
『そうだね。……よし、こうしよう！　……お前さんがいないことにして、その間に入ってきたことにすればいいじゃあないか？』
『あぁ、なるほど。さすがご隠居だぁ！』

落語は、面白いものです。何が面白いかというと、臨場感がある、あの独特の語り口があるからに他なりません。これは1つの技術でしょう。しかも、女性や高齢者など、演じるところはなかなか素人にはできません。

ただし、コーテーションそのものは一般の人でも使えます。というよりも、既に私たちは無意識に使っているのです。例えば、普段の会話の中で、

「うちの上司が言うんです。『お前の話は論理的じゃない』って」

というように使っている人が意外と多いものです。ですから、コーテーションを意識すれば、自由に使いこなすことができるといえます。そして、その結果、注意喚起をより高めることが可能になります。

コーテーションを使う第2の理由は、論理的に強くなるというものです。

そもそも言語もデータです（言語データ）。したがって、言語データを使うと、結論の根拠になりえます。

例えば、次のような例はどうでしょうか？

「この前、社長は『これができたら導入してもいい！』とおっしゃっていましたね」
「この前、ご担当の方が『うちはこれが困っている』とおっしゃいました」
「先日うかがったときに、『これが問題なんだ！』とおっしゃっていましたね？」

これは、営業関係で典型的に使われるコーテーションです。このように、話し言葉を使われた相手方、つまり顧客側はどのような反応になるでしょうか？　実際に自分が言った言葉であれば、それを受け入れざるを得ないでしょう。つまり、自分がしゃべった話し言葉を事実、根拠として使われているからです。

プレゼンテーションの中で、どの部分でコーテーションを使うかは、詳細な規定はありません。ただし、使うとより望ましいのはプレゼンテーションの前半部です。例えば、プレゼンテーションの冒頭に近い部分で、テーマの必然性を訴えるときによく使われます。

例えば、次のようになります。

「先日、ご担当の○○様から、『うちはこれが困っているんですよ』とのお言葉をいただきました。確かに、この点でお困りの会社は少なくありません。そこで、今回、その解決策として何がベストなのかをこれからご説明します」

このように、コーテーションは注意喚起になると同時に、論理的に強い話を展開できるというメリットがあります。

ポイント15

コーテーションを適度に入れる!

引用句

↓

前半部で使うと望ましい

ポイント

16 ときにはイミテーションを使う

イミテーションとは、擬音です。つまり、「ざーっと」「ばんばん」「どきっと」などの音を口で発することです。きわめて単純な技術です。

イミテーションを使うメリットは、注意喚起になるという点に尽きます。なぜ、注意喚起になるのかというと、臨場感があり、面白いからです。

例えば、次のように使っている人が案外多いものです。

「この前、先輩から言われたので、ドキッとしたんです」
「わが社の業績は、ガクンと落ち込みました」
「そうしましたら、シューという音が機械から聞こえてきたんです」

イミテーションは、宴会などでよくしゃべっている人に典型的に出てきます。ですから、私たちが饒舌になったときによく出るものと考えることもできます。

意図的にイミテーションを使うことは、プレゼンテーションに変化をもたせ、より興味深く聞かせるのに有効です。

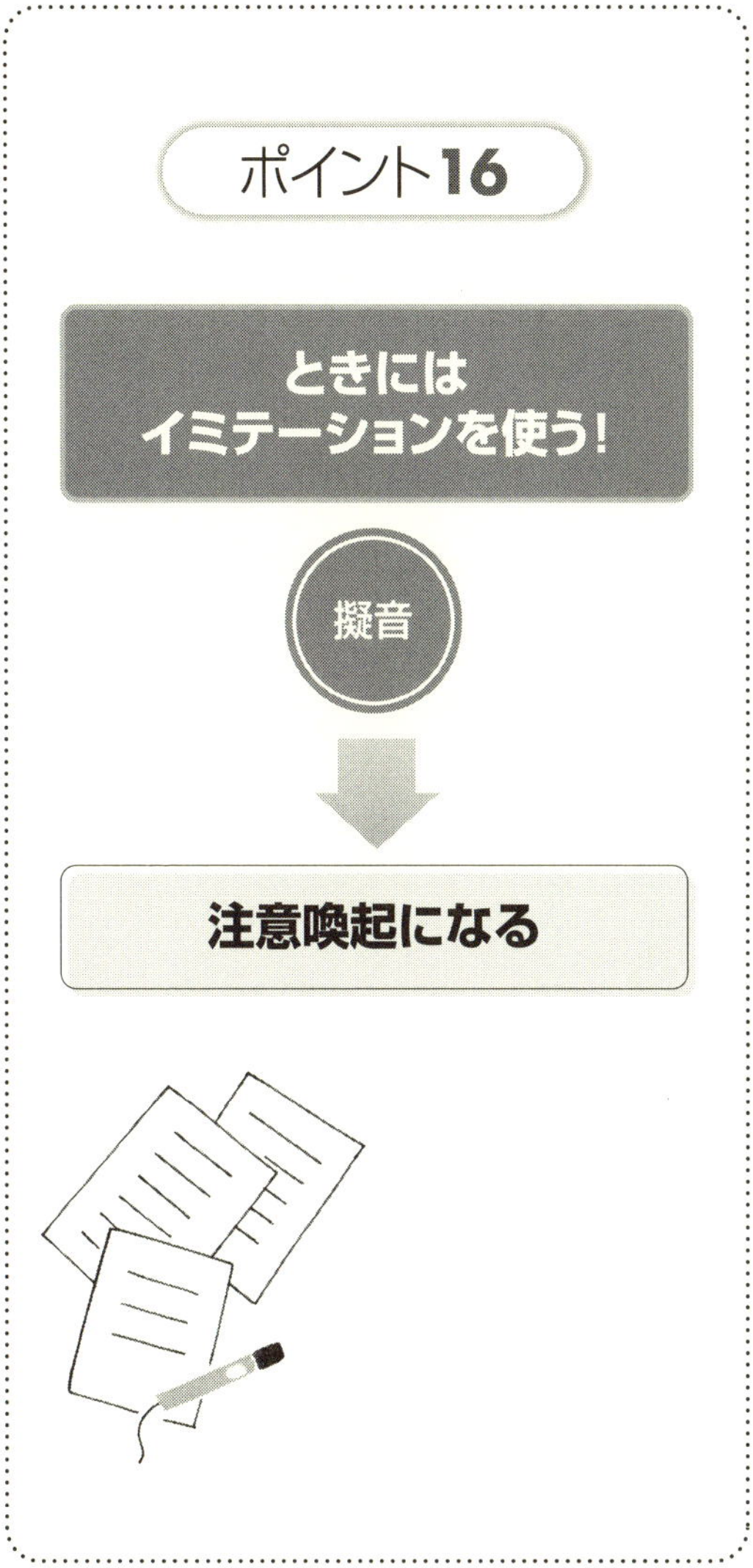
ポイント16
ときには
イミテーションを使う！
擬音
注意喚起になる

ポイント

17 質問を多用する

質問を多用することは、プレゼンテーションではきわめて有効です。ここでいう質問とは、聞いている側（聴衆）に対する話し手からの問いかけになります。

質問を多用するメリットは、多くあります。第1に、大きくは注意喚起になるということです。聞き手は、質問されることによって意識を集中してくれます。話し手の話に、耳をそばだてて聞いてくれます。

第2に、考えてくれるというメリットがあります。聞き手が、積極的に考えてくれるということ、それ自体は話し手がもっとも望むところではないでしょうか？　質問をするということは、この大きな効果が得られることになるのです。

第3に、誘導できるメリットがあります。質問を投げかけることによって、話し手の意図するところに聞き手の考えや想いを誘導できることもきわめて有効なことでしょう。質問には、このように大きく3つのメリットがあります。

では、どのようにして質問を使えばよいのでしょうか？　実は、**質問の形式を分類する**

と、**大きく2つに分けることができます。**

1つが、自問自答方式です。自問自答方式とは、自分で質問をして自分で答える質問のことをいいます。例えば、次のようなものです。

「では、どのくらいの人が困っているのでしょうか？　……実はアンケートによりますと」

「これほどの機能を持っているわけです。ですから、かなりの金額になってしまうと考えている方が多いのではないでしょうか？　……実は驚くほど安いのです」

「どこまでが可能なのでしょうか？　基本動作でしょうか？　……違います。……では応用動作でしょうか？　……実は応用動作も簡単に処理できます」

「これって本当でしょうか？　……本当に可能でしょうか？　……違いますよね」

自問自答方式には、特徴があります。それは、実践するのが容易であるということです。これは、後述する回答利用方式と比較して容易だという意味です。実践するのが簡単なために、すぐに、誰でも実践できる長所があります。**ただし、留意点もあります。**

それは第1に、質問をした後に間をあけるということです。例えば、次の言葉の中で、質問の次に間をあけないで意識して読んでください。

「ではいったいいくらかかるでしょうか？　実はきわめて安いんです」

次に、同じ言葉を、質問の後に間をあけて（2秒ぐらい）読んでみてください。

「ではいったいいくらかかるでしょうか？　……実はきわめて安いんです」

明らかに、間をあけた方が後に続く言葉が生きてきますね。聞き手の立場からいうと、間をあけた方が聞きやすいでしょう。また、その沈黙がプレッシャーになっている場合もあります。

第2に、質問をする瞬間は、しっかりとアイコンタクトをとることです。アイコンタクトは適度にすることは前にふれました。絶対的に、おしなべてする必要性はありません。ただし、重要なところでは実践した方が望ましいものといえます。そして、質問をする場面では、実施すべき重要な局面といえます。質問をする言葉を投げかけながら、しっかりと相手の目を見て話すようにしましょう。

質問のテクニックの2つめは、回答利用方式です。回答利用方式とは、聞き手に質問を投げかけて、実際に答えてもらい、それをプレゼンテーションに利用していく方法です。

回答利用方式は、自問自答方式に比べて難しいという特徴があります。なぜならば、相手の回答がさまざまなものが出る可能性があるからです。場合によっては、突拍子《とっぴょうし》もない回答が返ってくることがあります。答えてもらえないこともあり得ます。多様な状況の中で、短時間に、適切に対処しなければならないので大変な作業になることは容易に想像がつくでしょう。

しかし、その一方で、自問自答方式よりも有効性は高いメリットがあります。話し手の誘導によっては、はるかに大きな効果も期待できます。ですから、ここ一番、という場面では回答利用方式が効果的です。

回答利用方式を使う場合の留意点は3点あります。

第1に、回答を想定しておくということです。すなわち、想定問答集を作成しておくことになります。これなくしては、回答利用方式の本来の効果は期待できません。そもそも回答利用方式は、相手の口から発してほしい回答を想定するものですから、質問を設計するということは、回答を設計することに他なりません。回答を事前に想定することは、回答利用方式の大鉄則といえます。

第2に、想定以外の回答でも、臨機応変に対応することです。これは容易ではありません。筆者も、その対応を誤ることがあります。そのため、何らかのガイドラインやら、法則性があった方がよいということになります。では、その法則性は何でしょうか？

それは、相手の回答を認めるということです。例えば、次のようになります。

（相手に土地の単価を尋ねたいとき。常識では坪単価は○○万円以上するものだという認識を聞き手に訴えたいとき→想定した回答「坪単価が○○万円以上○×万円以下」）

話し手「ではここで、土地の値段がどのくらいなのかを考えてみましょう。Aさん、藤沢市の坪単価はどのくらいだと思いますか？」

Aさん「ええと、坪単価ですよね？　……ところで藤沢市ってどこにあるんですか？」

話し手「藤沢市ですか？　……ではBさんいかがですか？」

これでは、Aさんの立場がなくなってしまいます。心証もよくないでしょう。そこで、回答を認めることを、まず実践してみましょう。そこで、次のようになります。

話し手「ではここで、土地の値段がどのくらいなのかを考えてみましょう。Aさん、藤沢市の坪単価はどのくらいだと思いますか？」

Aさん「ええと、坪単価ですよね？……ところで藤沢市ってどこにあるんですか？」

話し手「ありがとうございます。確かに、ご存じない方がいらっしゃいますね。失礼しました。藤沢市は、東京から約1時間のベッドタウンで……」

このように、一言「ありがとうございます」を添えるとよいでしょう。

回答利用方式を実践するための第3の留意点は、相手の知識の水準に合わせて答え易い質問をするということです。専門的な難しいものではなく、簡単なものにします。

例えば、次のようなものは、一般的には答えるのが難しいでしょう。

「では、多変量解析の代表的な手法は何でしょうか？　○○さん、いかがでしょうか？」

専門的に統計解析を勉強した人ならば、答えるのは難しくないかもしれません。しかしながら、そうではない、一般的な人の場合には答えるのは容易ではないはずです。ですから、質問された方は困ってしまい、場合によっては恥をかいてしまうこともあるでしょう。そこで通常は、一般的な内容で誰にでも関わりのある内容で質問した方が無難となります。例えば、経済における何らかの数値を、概算で聞くというものが挙げられます。

「では、日本の完全失業率はどの程度でしょうか？　だいたいで構いませんのでどなたかにお答えいただきたいと思います。○○さん、だいたいどのくらいだったでしょうか？」

このように、「だいたい」という言葉を添えると、概《おおむ》ねの数字を答えやすくなります。そもそも、回答利用方式は、自問自答方式に比べると効果は大きいですが、以上のような留意点を踏まえて実践することが必要です。ぜひ、ここ一番、というときには周到に準備をして行ってみてください。

ポイント17

質問を多用する!

↓

自問自答方式

間をあける
アイコンタクトをとる

回答利用方式

答えを想定する
臨機応変に対応(答えを認める)
相手の知識の水準に合わせる

簡単
↕
難しい

ポイント

18 アンカリング効果を使う

アンカリング効果とは、「係留効果」といわれているもので、**ある特定の言葉を脳の中に長い時間留めておくこと**を意味します。

そもそも、ほとんどの場合、私たちは長い時間の話し言葉をそのまますべて記憶していません。一字一句、すべて記憶しておくことは困難です。断片的な情報や、印象に残った事柄を記憶するのが現実の姿といえます。これが、人間の脳のメカニズムです。

そのため、話し手が意図する情報を相手の脳に留めおくことが必要になってきます。そのために利用するのがアンカリング効果です。

では、アンカリング効果を期待するためにすべきことは何でしょうか? それは簡単です。**ある特定の情報を連呼すればよい**のです。より簡単にいうと、**特定のキーワードを連呼する**ということになります。例えば、「スピード」ということをアンカリング効果をねらって脳に留めおきたい場合には、次のように連呼すればよいのです。

「ですから、スピード……です。スピードが命なんです。では、なぜスピードなのでしょうか？　それは勝ち組企業の共通項目だからです。今、消費者のニーズは、めまぐるしく変わっています。スピードが速くなっているんです。当然、スピードについていけない企業は脱落します。スピード……これは私たちが考えている以上に、とても重要な意味を持っていることになります」

アンカリング効果を実践するには原則的なステップがあります。このステップを次に整理してみましょう。

まず第1に、アンカリングをすべきキーワードを決めます。何を言うのかを事前に決めておかなければならないということです。なぜならば、とっさに最適なキーワードを設計することはなかなかできるものではないからです。

第2に、そのキーワードをプレゼンテーションの中で連呼します。プレゼンテーションの中で、要点となる場面でキーワードを何回も言うようにします。

ちなみに、アンカリング効果をねらったプレゼンテーションの方法論は、決して新しいものではないことを付記しておきます。すなわち、プレゼンテーションの方法論としてはきわめて古典的なものだということです。

例えば、エイブラハム・リンカーン元アメリカ大統領は、「人民の、人民による、人民のための政治！」と言いました。１８６3年、ゲティスバーグでの演説の一説です。今を去ること１４０年も前の演説です。この中では同じ言葉が3回も使われています。原文では、"of the people by the people for the people"となります。the peopleが3回も使われていることになります。このように、同じ言葉の繰り返しは、歴史に残る名演説にもその原型を見ることができます。

of the people
by the people
for the people

ポイント18

アンカリング効果を使う!

↓

キーワードを事前に決めておく

キーワードを連呼する

ポイント

19 メタファーを使う

メタファーとは、「あるものを別のものに例える方法」のことです。簡単にいうと、例え話です。

最初に、メタファーが効果的な理由を考えてみましょう。それは、**わかりやすくなる**ということです。

例えば、2つの対象の関係を説明するのに、「卵とニワトリの関係なんです」というと聞き手のイメージがわかりやすくなります。

マネジメントの分野でも例を挙げてみましょう。例えば、次のように説明してみても、マネジメントをまったく知らない人にはピンときません。

「企業内の情報還流は、きわめて重要です。そもそも、企業の組織構造は、機能分化しております。ですから、研究開発、製造、そして営業というようにそれぞれの機能に応じて縦割りの組織構造を持っていることになります。となると、それぞれの部門間の情報は、なんらかのシステムが機能しないと円滑に還流できないことになります。例えば、営業部門において……」

ここでより平易な表現にしてみましょう。

「会社というのはいろいろな部署があるんです。そして、それは人間の身体のようにそれぞれが情報を受け渡して働いているんです。例えば、経営者は頭の脳、会社の部門には営業や製造などがあるんですが、これを目や手としましょう。……ここに、ボールペンがあります。私が拾います。簡単なことですね。……でも、私が目でボールペンを見たことを頭に伝え、それが手に指令を送るという一連の情報伝達がなされないとこんな簡単なことはできないはずですよね。目で見たこと、耳で聞いたことを、脳が情報を受け取ってコントロールしないと動かないでしょう。会社も同じなんです。それぞれがバラバラに動いていてはうまく働きません。営業という身体の一部が起きていることを、脳という経営者に伝えなくては会社という身体は生活できないんです。ですから、会社というのは、情報の受け渡しというものがとても重要になってくるんです」

メタファーを使うには、やはりステップがあります。次にそのステップを整理してみましょう。以下に紹介するステップは、すべてプレゼンテーションをする前に準備するステップと心得てください。

第1のステップは、対象とするメカニズムの本質的な特徴を明確にします。本質的な特徴ということがポイントです。細かい点ではなく、その中心となる動きや内容を整理することが出発点です。

第2のステップは、対象とするメカニズムに近いものを列挙します。つまり、メタファーとして言う内容の候補をたくさん挙げるということです。このとき、列挙する内容は、聞き手がなるべく身近に感じるものを挙げます。なぜならば、メタファーというものは、対象のメカニズムを身近なものに例えるからわかりやすく理解してもらえるからです。

第3のステップは、列挙したものの中から最適案を選択します。列挙したものの中から聞き手にとってもっとも理解しやすいもの、興味をひきそうなものを選ぶということです。

例えば、プレゼンテーション・スキルが上達する過程をわかりやすく説明することを考えてみましょう。

まず、最初に本質的な特徴を明確にします。プレゼンテーション・スキルの効果的な上達方法は、自分の姿を客観的に（VTRなどで）認知することによって上達するものと考えます。

次に、このメカニズムに近いものを列挙します。例えば、「スキーの上達」「自転車の運転」「自動車の運転」「ゴルフの上達」「歌の上達」を挙げたとします。

そして最後に選択します。先ほどの中から「ゴルフの上達」を選択します。

このようにしたら、後は次のようにプレゼンテーションで使うだけです。

「プレゼンテーション・スキルの上達は、ゴルフの上達と同じです。ゴルフは、自分の姿を客観的に認識すると癖や改善点が修正できますよね？　例えば、自分ではちゃんと振っているつもりでも、ビデオで観てみるとまったく違ったということがあります。で、やっと修正ができますよね？

プレゼンテーションも同じです。自分ではちゃんとやっているつもりでも、実際にやってみると違うんです。そんなことやっていたのか？　ということがたくさんあるわけなんです。そうすると、修正ができるようになりますよね。このように、プレゼンテーションは、ゴルフと同じように自分の姿をビデオで観て、修正すると効率的に上達するようになります」

メタファーは、このように事前の準備がかかります。しかしながら、難しいメカニズムを相手に伝えるときにきわめて有効に機能します。手間はかかりますが、複雑なもの、難しいものを説明するときに試してみてください。

ポイント19

メタファーを使う！

↓

Step1

本質的な特徴を明確化する

Step2

対象となるメカニズムに
近いものを列挙する

Step3

最適案を選択する

ポイント

20 レトリックで強調する

ここでいうレトリックとは、「修飾的な語句を用いて、言いたい内容を強調すること」を意味しています。

これだけだと、レトリックがどのようなものなのかは理解できません。そこで例を示しましょう。

まず、事実のみを淡々と伝えるものをみてみましょう。

「そこで私は調べてみました。その結果、5名でした」

ではこれにレトリックを入れてみましょう。

「そこで私は調べてみました。その結果、驚くべき事実がわかりました。なんと、たったの5名だけだったのです」

いかがでしょうか？　後者の方が注意喚起は圧倒的に高いでしょう。前者は、事実の結果のみを述べています。相手に事実情報のみを伝達するのであれば、これで十分です。一方、後者の方は修飾的な語句が入っています。「驚くべき事実がわかりました」「なんと」「たったの」です。これがレトリックです。レトリックはなくてもよいのですが、これが入ると注意喚起になり、言いたい内容がより強調できるのです。

実は、論理的な文章だと言われているものには、レトリックが意外と使われています。論理的な話をよくするという人もレトリックを結構用いているものです。

かの有名なピーター・F・ドラッカーも次のようにレトリックを使っています。

「成長する事業にはキャッシュが必要である。事業を続けるには資金を注ぎ込まなければならない。誰にもわかることである」（P．F．ドラッカー『ネクスト・ソサエティ』ダイヤモンド社）

では、レトリックにはどのようなものがあるのでしょうか？　代表的なものを次に挙げてみます。

レトリックは、大きく2つに大別されます。**長いものと短いもの**です。長いものを**レトリック・フレーズ**、短いものを**レトリック・パーツ**といいます。

レトリックは、特に説得的プレゼンテーションで有効です。これらを参考にして、より強調的なプレゼンテーションを展開してみてください。

ポイント20

レトリックで強調する!

レトリック・フレーズ 長い

レトリック・パーツ 短い

○ レトリック・フレーズ

「さらに驚くべきことがあります」

「さらに問題はこれだけにとどまりません」

「これから話す内容がもっとも重要です」

「小学生にもわかることです」

「3つだけ覚えていただければ結構です」

○ レトリック・パーツ

「たったの」「ほんの」「…しか」「さらに」「まさに」

「おかしいことに」「…だけ」「実に」「わずか」

COLUMN

「伝えたい」との気持ちを大切に

私には外国人の親友がいました。私が30代前半だった頃、彼は、小さな少年でした。そしてその彼は、今はこの世にはいません。彼は、十年ほどの短い人生を幸せに生き抜いて、この世を去ったのです。

彼が亡くなって1年ほどが経ったとき、彼を偲《しの》んである会が催されました。そして、私は彼のご両親からの依頼によってスピーチを頼まれました。聴衆の約半分は外国人でした。外国人の中には、日本語をまったく理解できない人がいました。私は、日本語だけで30分ほどのスピーチをしました。多分、日本語を理解できない外国人にはまったくわからなかったものだったと思います。

ところが、スピーチが終わったとき、日本語をまったく知らない外国人が私のところに来て「あなたのスピーチは素晴らしかったです」ということを、私にも理解できる英語で伝えてくれました。

何かを伝えたい気持ちは、言葉の壁を越えて伝わることを、この経験から私は学んだような気がします。どんな場面でも、伝えたい気持ちを大切にしたいものです。

第 5 章

あなたの想いが
スンナリわかってもらえる
構成テクニック

ポイント

21

準備の5ステップを実践する

プレゼンテーションの実践までは、どのように進めていけばよいのでしょうか?

いきなりプレゼンテーションの練習をする、というのも1つの方法でしょう。ですが、いきなりといってもなかなか現実にはできるものではありません。そこで、なんらかのガイドラインのようなプロセスが必要になります。

それが、プレゼンテーションの実践までの準備、すなわち構成のステップになります。

構成のステップは全部で5つあります。そして、その5つのステップとは、次のものを指します。

●ステップ1　ニーズの確認・想定
●ステップ2　コンセプト設計
●ステップ3　コンテンツ設計
●ステップ4　構成・組み立て

●ステップ5　事前練習

このような5つのステップですが、**注意したい点が2点あります。その第1点めは、5つのステップを順番通りに踏まなくてもよいということです。**ステップ1からステップ2に移行した後で、前のステップに戻りたいということが現実にはあるでしょう。ですから、実際の作業の順番は、行きつ戻りつして進行していくものと理解してください。

注意したい第2点めは、状況に合わせてステップを飛ばすということです。より正確にいうと、書き出してまとめなくてもよいということです。

例えば、即興に近いスピーチで、「あなたの職場の問題点を述べてください」と言われたらどうでしょうか？　即興に近いということは、即座に話し出さなければなりません。ということは考えを書き出す時間がないということになります。その際、頭の中で情報を操作するだけになります。このように書き出してまとめ、しっかりと5つのステップを踏まなくてよい場面が現実には多いものです。

ただし、書き出すにしても、頭の中で考えるにしても、5つのステップは必ず踏むべき基本プロセスになります。この5つのステップを意識すれば、望ましいプレゼンテーションを準備することが可能となります。慣れるまでは書き出すなどして、ぜひ、習得してみてください。

次に、これらの各々のステップが意味するところを個別に紹介しましょう。

ポイント21

準備の5ステップを実践する！

Step 1

ニーズの確認・想定

Step 2

コンセプト設計

Step 3

コンテンツ設計

Step 4

構成・組み立て

Step 5

事前練習

ポイント

22 ニーズを確認・想定する

まずステップ1の「ニーズの確認・想定」です。ニーズの分析は、大きく2つあります。**それは、話し手のニーズと聞き手のニーズです。**

話し手のニーズとは、「話し手は何を話したいか？」です。プレゼンテーションであるならば、話し手として話したいこと、伝えたいことがあるでしょう。それを明確化することです。

次に、聞き手のニーズです。**聞き手のニーズは、2つに分かれます。その1つは、「聞き手は何を聞きたいか？」です。もう1つは、「聞き手はどのように伝えてほしいか？」ということです。**これら2つは、プレゼンテーションをするときにはとても重要です。

そうして、話し手のニーズと聞き手のニーズが重複している部分に対してプレゼンテーションを組み立てていくことになります。

このことを例で説明しましょう。

今、ある一戸建ての建売住宅を勧めようと不動産の営業担当者がお客様に説明しようとしています。そこでまず話し手は、自分の話したいことを次のように挙げてみました。

「最寄り駅からの交通手段・所要時間」「主要駅までの所要時間」「間取り」「土地面積」「建物面積」「延床面積」「値段」「ローン」「方位」「自然環境」「教育環境」「駅前の商店街の状況」「耐震性」「耐火性」「セキュリティー」「保障期間」「保障内容」……

数限りなく不動産物件に絡む情報が挙げられました。しかし、これらのすべてをお客様に伝えることは、時間的にできない場合があるでしょう。そこで、特定のお客様について、何がもっとも聞きたいのかを想定し、絞り込む必要があります。そこで、お客様である聞き手（Aさん）は何を聞きたいのか、というニーズを設定してみました。

「通勤時間は?」「通学時間は?」「値段は?」「買物の便利さは?」「駐車場は?」「日当たりは?」「庭の大きさは?」

さらには、どのように伝えてほしいのか、というニーズも挙げてみました。

「できるだけ数値で、定量的に伝えてほしい！」

このようにしてニーズを分析すると、プレゼンテーションの成功率は高まります。なぜならば、余分なことを話さなくていいからです。聞き手が「聞きたい」「知りたい」という内容を十分に分析し、その部分だけに照準を合わせて話すからです。

ここで重要になるのが、特定のお客様です。つまり、**聞き手のニーズは、あくまでも「聞き手である人が固有に持っている欲求・要望である」ということです。**ですから、聞き手がAさんからBさんに変わるとニーズも変わります。

このように考えると、ニーズの想定は、プレゼンテーションの場面によって変化することがわかります。したがって、プレゼンテーションは個別に準備をして、内容を変えていくことが求められることになります。

ポイント22

ニーズを確認・想定する!

話し手

何を話したいか?

聞き手

何を聞きたいか?
どのように伝えてほしいか?

ポイント

23 コンセプトを設計する

第2のステップは、**コンセプトを設計する**ということです。ここでいうコンセプトとは、**「企画の全体を貫く統一的・基本的な考え方を、訴求力があるように表現したもの」**です。ちなみに、訴求力とは、相手に対して訴える力です。ですから、コンセプトを簡単にいうと、全体を集約した言葉で、聞き手がゾクッとくる言葉です。

コンセプトを設計する第1の理由は、プレゼンテーションが崩れなくてよいからです。場合によっては、例え崩れたとしてもコンセプトが明確であれば持ち直すことができます。ですから、崩れたとき、失速しそうなときにもとに戻るべき場所であり、踏ん張り場所ということができます。

逆に、コンセプトが明確ではないと途中で崩壊することもあります。「で、一体何を言いたいの?」「一言で言うと、何が言いたいの?」と質問されて何も答えられずにオロオロしていては、プレゼンテーションはそこから成立しないでしょう。

コンセプトを設計する第2の理由は、アンカリング効果が期待できるからです。アンカリングについてはすでに説明しました。相手の脳にキーワードを定着させるものだという点をそこでは説明しました。コンセプトを設計しておき、それをプレゼンテーションで何回か言うことによって、当然、アンカリングのメカニズムが働きます。そうすると、話し手が意図して伝えたいことが聞き手の記憶に残りやすいということになります。仮に、コンセプトを設計しておかないと、アンカリング効果が得られず、印象に残るような話ができないことになります。

次に、コンセプトの例を挙げていきましょう。

「御社は、○○をすることでコストが2割減ります」
「御社は、○○をすることによって売上が確実に上がります」
「○○は、御社のビジョンに合った施策です」
「早く、安く、簡単に、○○を実現します」
「黒ダイは、頭で釣れば誰でも、簡単に釣れます」
「○○の機能は、誰にでも3分で理解できます」
「いつでも簡単に調理できる秘密の○○法」

コンセプトは、このように1つの文で短く表現することが必要です。複数の2つ以上のものでは、全体を貫くコンセプトとはいえません。

そしてコンセプトは広告のキャッチコピーに似ています。キャッチコピーとは、新聞や折り込み広告などでもっとも大きな文字で書かれているフレーズや文のことをいいます。そもそもキャッチコピーは、それを見た人が一目で興味を持つような語句で作成されています。したがって、訴求力が強いものであり、コンセプトと同じ目的を持ったものといえます。

ただし、コンセプトは全体の統一的・基本的な考え方がそこに表現されていなければなりません。そこがキャッチコピーと大きく異なる点です。キャッチコピーは注意喚起に力点を置いているのに対して、コンセプトは、全体の概念の統一的な集約に力点を置いています。

ポイント23

コンセプトを設計する!

↓

企画の全体を貫く統一的・基本的な考え方を訴求力があるように表現したもの

ポイント

24 ツリー構造でコンテンツを設計する

ステップ3は、「ツリー構造によるコンテンツ設計」です。ツリー構造とは、樹形図のように幹、枝葉と分かれる構造をいいます。最近では、ロジック・チャートという名称でよく使われています。

コンテンツとは、項目を立てることを意味します。

ですから、ツリー構造によるコンテンツ設計とは、ツリー構造によって項目を立てていくことを意味します。

このことは、私たちが概念をまとめるときにもっとも自然に形作るものといえます。例えば、本はどうでしょうか？　本は、基本的には章・節・項という構成になっています。これは、まさしくツリー構造によるコンテンツ設計です。古典的な構造であり、もっともポピュラーな構成方法といえます。

ところが、このような構造をとらずに話し手が伝えたとしたらどうでしょうか？　つまり、頭の中で情報が整理されずに、思いついたように話した場合です。

これは、聞き手には理解できません。むしろ、理解しろという方が無理です。そもそも、**わかりやすい話は聞き手が頭の中で地図が描けることが前提です**。ところが、その地図が話し手の中で交錯しているのであれば、わかりようがありません。

ですから、ツリー構造でコンテンツを設計することが必要になります。そうすると、次のような話し言葉も聞き手の頭の中で地図が明瞭に再現されます。

「この料理の良い点は3点あります。第1に費用が安いという点です。第2に、健康にいいという点です。第3に手間がかからないという点です」

話し言葉で、しかもこのようにナンバリングを使うと誤解がおきません。コミュニケーションの問題が発生しないことになります。ということは、話し手は、ツリー構造でしっかりとコンテンツを事前に設計しておくことが肝要になるわけです。

次に**コンテンツ設計の法則性と留意点を確認しましょう**。

まず第1に、コンテンツの1段めはコンセプトが設計されるということです。当然、ツリーの上層部にはコンセプトが置かれます。

第2に、コンテンツの2段めは4つ以下にまとめるということです。これは、ナンバリングのところでも説明しました。理由は、5つ以上だと聞き手が認知できないからです。また、記憶することもできないからです。

例えば、プレゼンテーションの研修で受講者が作成したコンテンツを見てみると、5つ以上の場合は聞き手はほとんど覚えていないことがよくあります。また、5つ以上の場合は、話し手もそのコンテンツを省略したり、きわめて早口で言ったりします。となれば、何のためのコンテンツの設計と提示なのかがわからなくなってしまいます。5つ以上の場合は、よくよく内容を吟味していくものと心得た方がよいでしょう。

したがって、4つを上限にして、3つ程度にしていくのがよいと考えられます。

第3に、設計段階ではプレゼンテーションの時間を気にせずに、網羅的に設計するということです。なぜ、時間を気にしないのかというと、ヌケ・モレを防ぐためです。仮にヌケ・モレがあったとすると質疑応答のときに答えに困ってしまいます。

ヌケ・モレを防ぐための考え方にMECE（ミッシーもしくはメシーと表記されている場合もあります）という概念があります。これは、「個々に見てダブリがなく」（Mutually Exclusive）、「全体的に見てモレがない」（Collectively Exhaustive）の頭文字をとったも

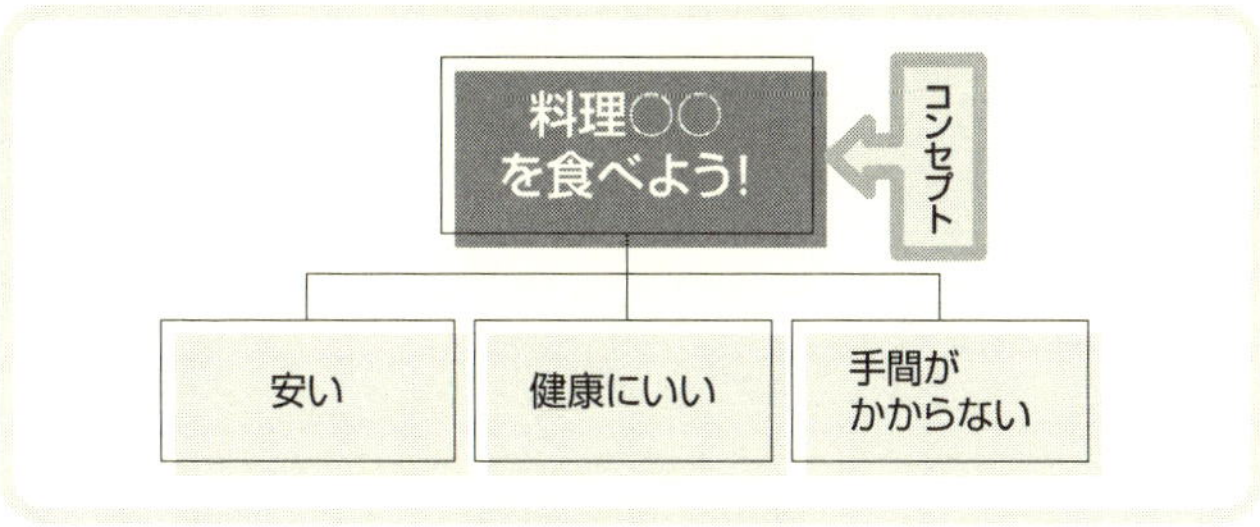
料理○○
を食べよう!
コンセプト
安い
健康にいい
手間が
かからない

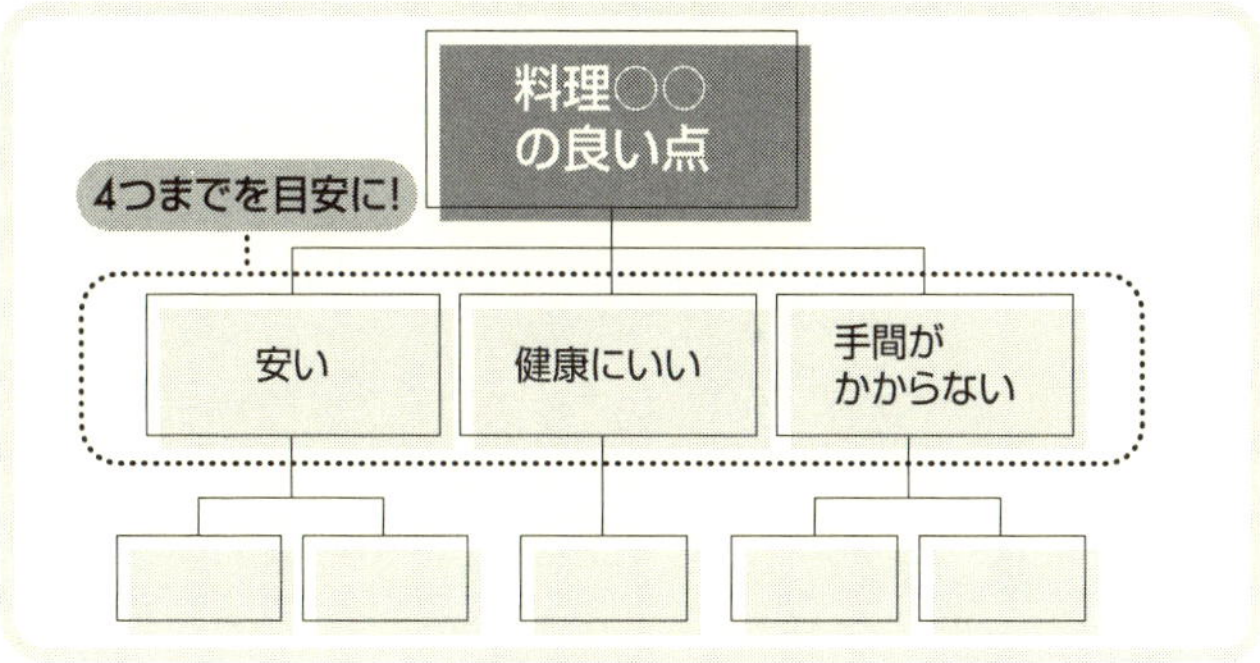
料理○○
の良い点
4つまでを目安に!
安い
健康にいい
手間が
かからない

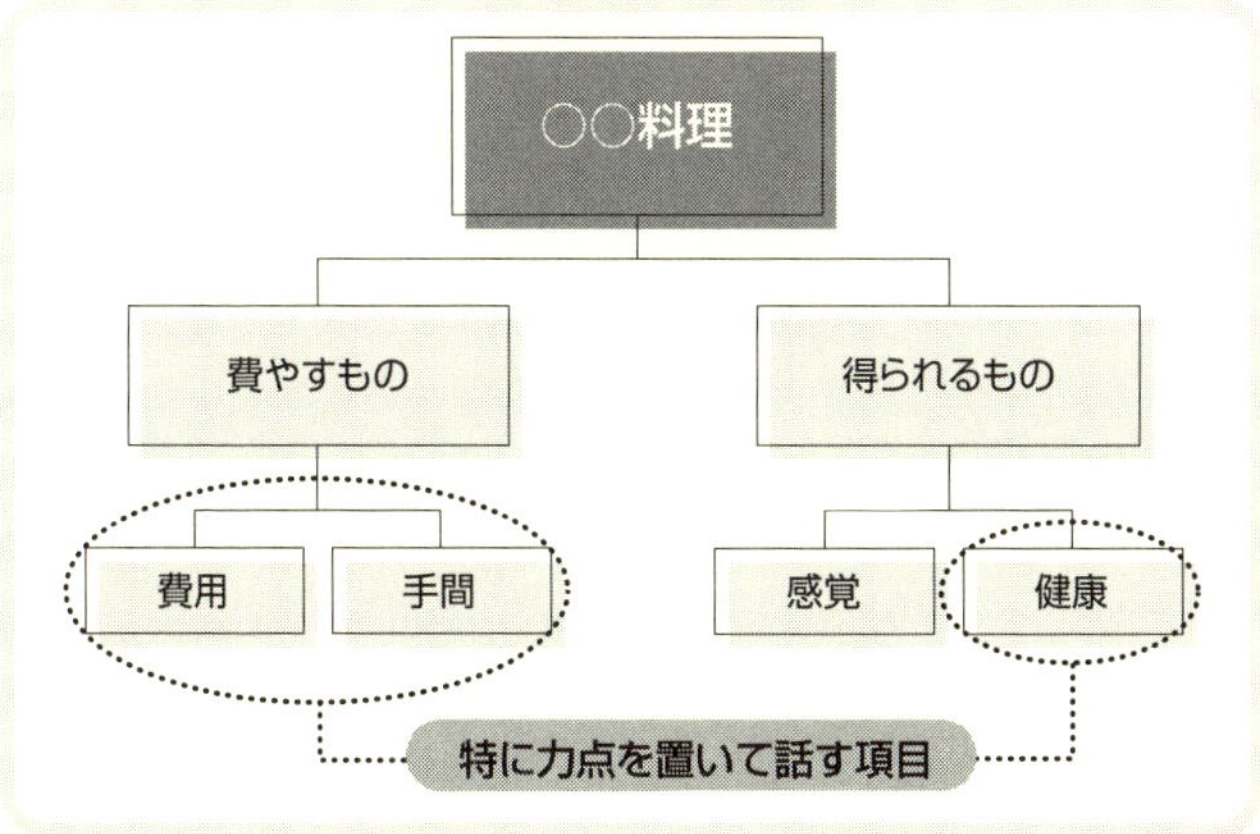
○○料理
費やすもの
得られるもの
費用
手間
感覚
健康
特に力点を置いて話す項目

のです。要するに、ダブリなく、モレのない視点で構成していくということです。

例えば、「○○料理」についてより精緻に考えてみましょう。まず、「○○料理」に関してはどのような視点が考えられるでしょうか？　この点から押さえていくと、料理に要する「費やすもの（投資・デメリット）」と、料理によって「得られるもの（リターン・メリット）」に大別されるでしょう。すると、それぞれについて、「費用」「手間」「感覚（味覚・臭覚・視覚）」「健康」といった項目が体系的にまとめられます。その結果、ツリー構造はダブリとモレのない構造として設計することが可能となります。

このように、事前の設計では網羅的に設計し、自分の思考のダブリやモレを防ぐことが必要です。そうして、時間や状況に合わせ、最終的に話し手が力点を置いて話す項目を決めていくようにします。

なお、192～195ページに「プレゼンテーション　コンテンツ設計シート」とその書き方例を添付しました。

ポイント24

ツリー構造で
コンテンツを設計する!

1段めはコンセプトを設計する

2段めは4つまでを目安にする

事前に網羅的に設計する

ポイント

25 3部構成法によって流れを設計する

ステップ4は、「3部構成法によって流れを設計する」です。3部構成法とは、プレゼンテーションの流れを3つに分けて構成する方法です。その3つとは、序論（イントロダクション）、本論（ボディ）、結論（コンクルージョン）です。

では、それぞれについて何を話すのかを説明しましょう。ただし、これから述べる内容は原則論です。ですので、それぞれの項目は、状況に合わせて取捨選択してください。

最初に序論です。序論では主に次の5つのことを話します。

〈序論〉

①挨拶と自己紹介（挨拶、自己紹介、参加者への礼、時間提示）
②プレゼンテーションのテーマ（話すテーマ）
③聞き手とテーマとの関連づけ（背景）
④コンセプト

⑤アジェンダ（目次）

この中で必須となるのは、②プレゼンテーションのテーマと④コンセプトです。

まず、テーマを言うことは、聞き手に主題を明示することになり、多くの場合は不可欠でしょう。例えば、「本日は、新製品について……」「今日は、よい自動車の選び方について……」ということを私たちは最初に言うものです。

次に、コンセプトですが、これも多くの場合は必要です。コンセプトを序論で述べることは特に大切なことです。例えば、「本日皆さまに申し上げる内容を一言でいうと、……」「お忙しい中、なぜ新製品についてご説明するのかというと、……」となります。ビジネスでは、結論先行型が望まれます。そしてここでいう結論とはコンセプトです。訴求力のある言葉で、聞き手にオヤっと思わせたらプレゼンテーションは話し手のペースです。

一方、その他はあってもなくてもよいものです。

①は、聞き手と面識があるなど、自己紹介がまったく不要の場合には除かれます。

③の聞き手とテーマとの関連づけも場合によっては不要です。例えば、職場の問題解決を述べる場面で、「なぜ職場の問題解決を述べなければならないか？」というテーマの必

然性を述べても意味はありません。
⑤のアジェンダ（目次）も同様です。例えば、ごく短い2分ほどのスピーチでは、アジェンダを言わないで話すことが通常でしょう。
では、一般的な序論の内容を、①からすべて言う場合を確認してみましょう。なお、ここではわかりやすくするために、それぞれ①〜⑤の番号と項目を付記しておきます。

①挨拶と自己紹介

「おはようございます。日本能率協会の小宮と申します。本日はお忙しい中お時間を頂きましてありがとうございます。かねてよりご案内している通り、本日は30分ほどのお時間を頂戴して」

②テーマ

「『プレゼンテーションスキルの必要性』についてご案内申し上げます」

③聞き手とテーマとの関連づけ（背景）

「さて、ここで本題に入ります前に、なぜ『プレゼンテーションスキルの必要性』をご紹介するのかを確認します。先般、御社のご担当である○○様より、『プレゼンテーションスキルの必要性について今ひとつ不明瞭な部分がある』とのお話を承りました。そこで、今回、お時間を特別に頂戴しまして、皆様にご紹介という運びになったわけです」

④コンセプト

「さて、本日のご紹介の内容を一言で申し上げます。それは『プレゼンテーションスキルは企業業績に大きく貢献するスキルである』ということです」

⑤アジェンダ（目次）

「では、どのような順番でお話するのか？　というと、3つに分けてご紹介します。まず第1に、プレゼンテーションスキルとはそもそもどのようなものなのか？　ということです。第2に、それをどのようにして習得するのかということをお話します。第3に、実際にプレゼンテーションスキルを習得した職場の業績がどのくらい向上したのかをご紹介いたします」

なお、アジェンダはここで表記している通り、目次です。アジェンダは、この他の言い方としては、「ロードマップ」「マップ」などがありますが、基本的に目次という意味として用いられています。

序論が終わると次に本論です。ちなみに本論は、プレゼンテーションの中でもっとも時間を割（さ）くところです。そして、本論では、特別な注意点はありません。ただし、1つだけ留意したいことがあります。それは、アジェンダを途中で提示するということです。例えば、話し言葉では次のようになります。

「さて、ここまでで1点めのプレゼンテーションスキルの内容についてご説明しました。次に、2点めのプレゼンテーションスキルの習得方法についてご説明します」

このように言葉でナンバリングを使ってアジェンダを途中で提示すると、現在どこを説明しているのかがわかりやすくなります。わかりやすく伝える原則である「地図が描ける」ということからすると、「現在位置がどこなのかが認識できる」ということになります。

また、アジェンダを途中で提示するものとして、ビジュアル媒体にアジェンダをそのまま提示する場合もあります。特に、プレゼンテーションが10分以上になり、少し長い場合には途中の提示はむしろ不可欠といってもよいでしょう。

そうして、アジェンダの中で現在位置を示すために、パワーポイントなど視覚媒体の文字の色を変えたり、矢印を付けたりするとさらにわかりやすくなります（169ページ参照）。筆者は、10分以上のプレゼンテーションの場合にはこの方法をよく用いています。

本論の次は、結論です。結論では主に次の4つのことを話します。

〈結論〉

①内容の要約
②コンセプト
③依頼事項の確認
④質疑応答

この中で必須となるのは、②コンセプトです。やはり、コンセプトは、いかなるプレゼンテーションにおいても結論の中で触れたいものです。

ここでも簡単にそれぞれについて説明します。

①内容の要約とは、本論の概要です。できれば、アジェンダの項目ごとにもう一度触れるとよいでしょう。

③の依頼事項の確認は、何を、どのようにしてほしいのかを明示することを意味しています。例えば、決裁をほしいのか、積極的な検討をお願いするのか、企画案を採用してほしいのかを主張することになります。

④の質疑応答は、質問を受け付けてそれに答えることを意味しています。

では、これも具体的な表現をみていきましょう。

①内容の要約

「今までお話した内容をここでまとめてみます。まず第1に、プレゼンテーションスキルとは大きく3つから構成されていることをお話しました。そして2番めに、スキルの習得方法としての正しい理解と、特にトライ＆エラーが必要であることを説明しました。さらに、3番めにスキルを習得した営業担当者の業績が2割ほど向上したことをご紹介しました」

②コンセプト

「ですから、ここでもう一度結論を申し上げます。『プレゼンテーションスキルは企業業績に大きく貢献するスキルである』ということがおわかりいただけたかと思います」

③依頼事項の確認

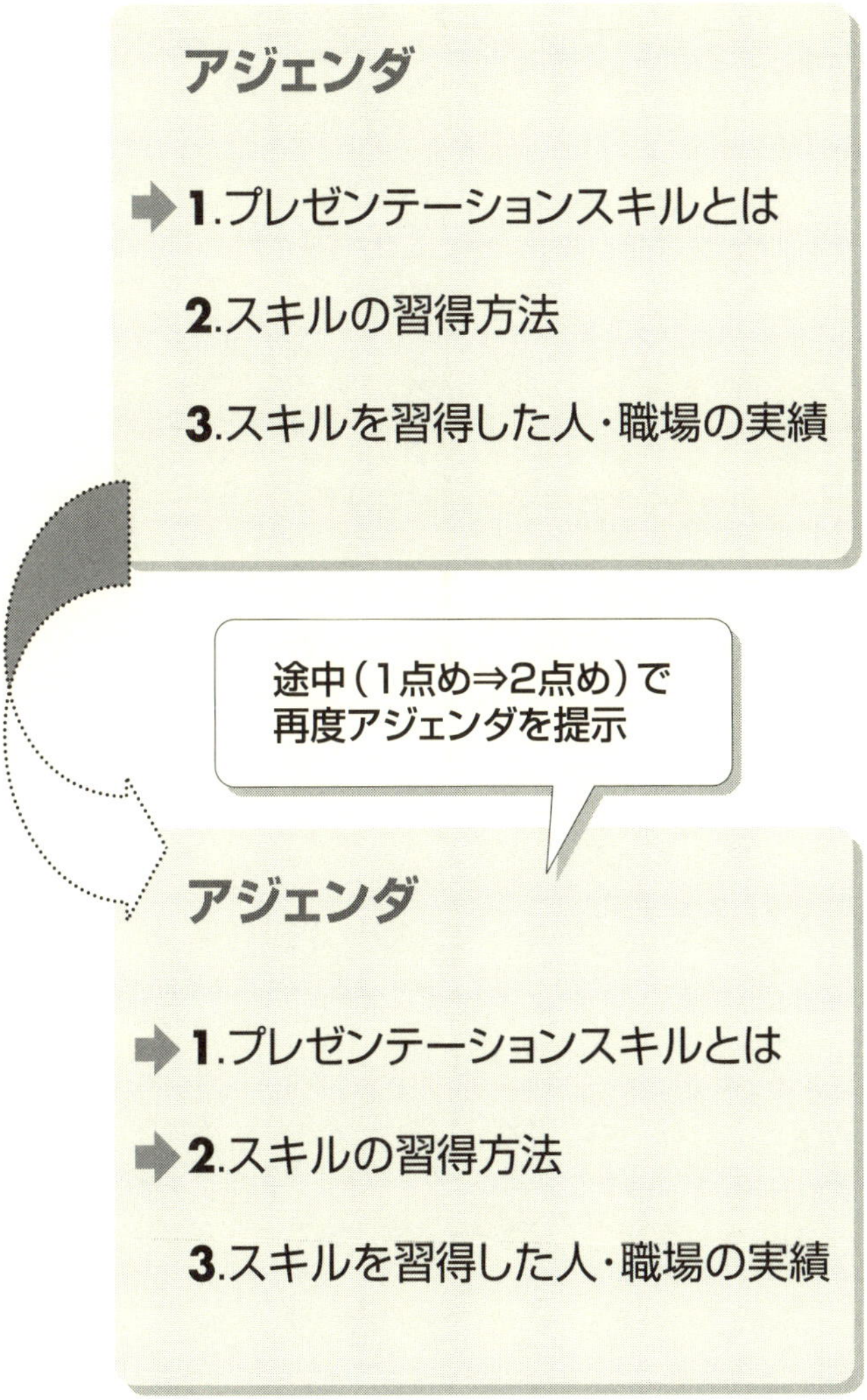
アジェンダ
1.プレゼンテーションスキルとは
2.スキルの習得方法
3.スキルを習得した人・職場の実績
途中(1点め⇒2点め)で
再度アジェンダを提示
アジェンダ
1.プレゼンテーションスキルとは
2.スキルの習得方法
3.スキルを習得した人・職場の実績

「そこで、皆様にお願い申し上げます。そもそも、御社ではプレゼンテーションスキルが軽視されていました。そのため、メンバーの方々はプレゼンテーションスキル向上の機会にはまったく恵まれていませんでした。ぜひ、これを機会に、プレゼンテーションスキルの必要性を新たにしていただき、学習機会を設けることをご検討いただければと思います」

④質疑応答

「以上で私の説明を終わりにさせていただきます。何かご質問やご不明な点はございませんでしょうか？　……ありがとうございました。それでは時間となりましたので、本日のプレゼンテーションを終了させていただきます。ご静聴ありがとうございました」

なお、3部構成法によって構成が決まると同時に、ビジュアル媒体も仕上げることになります。ただし、実際には、コンテンツ設計などの前工程と並行してビジュアル媒体を作ることも多いものです。ビジュアル媒体については次の章で詳しく説明していきます。

ポイント25

3部構成法で構成する!

↓

序論（イントロダクション）

本論（ボディ）

結論（コンクルージョン）

ポイント

26

練習によって修正する

ステップ5は、「**練習**」です。**練習の効用は次の通りです。**

第1に、内容の修正箇所が見つかる点です。実際にやってみると、内容がうまくいかない点や不備な点が見つかるものですが、この点は、フィードバックによって鮮明になります。フィードバックとは、他者からの修正のための情報です。「ここをこうするといいよ!」などのフィードバックは、内容をよりよくするためには重要な情報になります。

第2に、時間の管理ができる点が挙げられます。そもそも、10分と決められているプレゼンテーションで時間をオーバーする人は練習不足と言わざるを得ません。時間の超過は、練習によって修正できます。しかも1回だけの練習では駄目です。何回も練習することが必要です。では何回がよいのか? ということですが、これは規定はまったくありません。

そして最後に、自信です。練習することによって自信が生まれます。自信の感じられるプレゼンテーションは、仮に内容が同じであっても聞き手の納得度が異なるものです。

ポイント26

練習によって修正する!

↓

内容の修正箇所が見つかる

時間の管理ができる

COLUMN

緊張の対処法

「緊張するんですが、どうしたらよいのでしょうか？」という質問をよく受けます。確かに、緊張に対しては多くの方が悩んでいるのが事実でしょう。実は、私もそのひとりでしたし、現在でも緊張する場面が少なくありません。

では、どのように対処すればよいのでしょうか。私は、「緊張する自分を受け入れる」というのが経験上もっとも良い方法だと考えています。緊張することは誰にでもあります。ですが、そのとき「失敗したらどうしよう」とか、「緊張してしまったらどうしよう」ということばかりを考えていないでしょうか。

ここで逆に、「今、自分は緊張しているなぁ」と自分を受け入れてみるのです。すると、不思議と肩の力が抜けてリラックスできます。

ですから、もっともまずいのが、「緊張してしまって、ど、ど、どうしよう～」と自分を責めることです。こうなると、顔は真っ赤で頭の中は真っ白ということになりやすいものです。

緊張している自分を、これからは楽しんでみてはどうでしょう。

第 6 章

見せ方ひとつで
印象度がアップする
ビジュアル作成テクニック

ポイント

27 ビジュアル媒体は簡潔にまとめる

プレゼンテーションにおいてビジュアル（視覚）媒体が果たす役割は意外と大きいものです。（ここでは企画書ではなく、ＯＨＰやデジタル・プレゼンテーションなどのスクリーンに投影するものを指しています。）

その理由の第1は、理解が容易になることが挙げられます。複雑な内容や難解なメカニズムであっても、図解化されたものやイラスト、あるいは写真・動画などでよりわかりやすく伝えることができるからです。

第2は、聞き手の記憶が長く維持されるからです。ただ単に聞いただけのものに比べ、ビジュアルによって視覚に訴えたものは長く記憶される研究成果はいままでも多く発表されています。

そして**第3の理由として、インパクトがあることが挙げられます。**すなわち、注意喚起になるというメリットがビジュアル媒体にはあるのです。

では、ビジュアルを作成するときにはどのような点に留意すればよいのでしょうか？

プレゼンテーション能力向上の必要性

- メンバーの70%がプレゼンテーション能力向上が必要だと答えている。
- プレゼンテーション能力が相対的に高いメンバーのうち90%はハイパフォーマーと認知されている。
- プレゼンテーション能力は、ビジネスパーソンのコアスキルと世間では認知されている。

↓

プレゼンテーション能力向上の必要性

- 70%が必要!
- 90%がハイパフォーマー!
- コアスキルと認知!

それは**簡潔にまとめる**ということです。そもそもビジュアルは見せるものです。読ませるものではありません。となれば、シンプルにまとめることが基本原則になります。

例えば、プレゼンテーション研修では、初期のビジュアルの内容として前ページの図の上のような文章を羅列する事例が見られます。これほど文字が多いと読むことに時間がとられます。

したがって、前ページの図の下のようにシンプルにします。このようにすると、言いたい内容がよりシンプルにストレートに伝わります。覚えてほしい言葉が容易に頭に入ってきます。アンカリング効果も期待できます。

ビジュアルを簡潔にするためには、第1に、キーワード化することです。文章ではなく、キーワードにしてまとめ、重要ではないところは話し言葉によって補うようにします。

第2に、フォーマットを統一することです。バラバラだと見にくくなってしまうため、それぞれのビジュアルのフォーマット（デザイン）を統一し、見やすくするのです。

ポイント27

簡潔にまとめる！

↓

キーワード化する

フォーマットを統一する

○問題

1.離職率の増加
2.スキルの低下
3.意欲の低下

○施策

1.人事制度の見直し
2.教育制度の確立
3.ビジョンの明確化

フォーマットを合わせる！

ポイント

28 表ではなくグラフを使う

ビジュアルの次のポイントは、**表ではなくグラフを使う**ということです。数値の傾向などを示す場合、一般的によく目にするのが表です。しかし、表は数値の傾向や特徴を短時間に理解してもらうには不向きです。そこで、グラフを利用することになります。

グラフとは、「断片的な生の情報（生データという）を加工して、短時間に理解できるように図示したもの」です。

例えば、左ページの図の上の表を見てください。これでは全体の傾向や特徴はわかりません。ですが、下のグラフを見てください。これだと傾向が一目でわかります。

グラフの基本は、円グラフ、棒グラフ、折れ線グラフの3つです。そして、円グラフは〈割合〉を、棒グラフは〈比較〉を、折れ線グラフは〈推移〉を示すときに使います。

この基本に基づいて、あとは効果的な表現を工夫してグラフを完成するようにしましょう。

プレゼンテーション特有のグラフの作成の留意点が1つあります。それは、グラフで主

	9年	10年	11年	12年
A支店	5,000	5,500	6,200	5,700
B支店	2,000	3,900	4,700	5,600

（単位:万円）

グラフ化

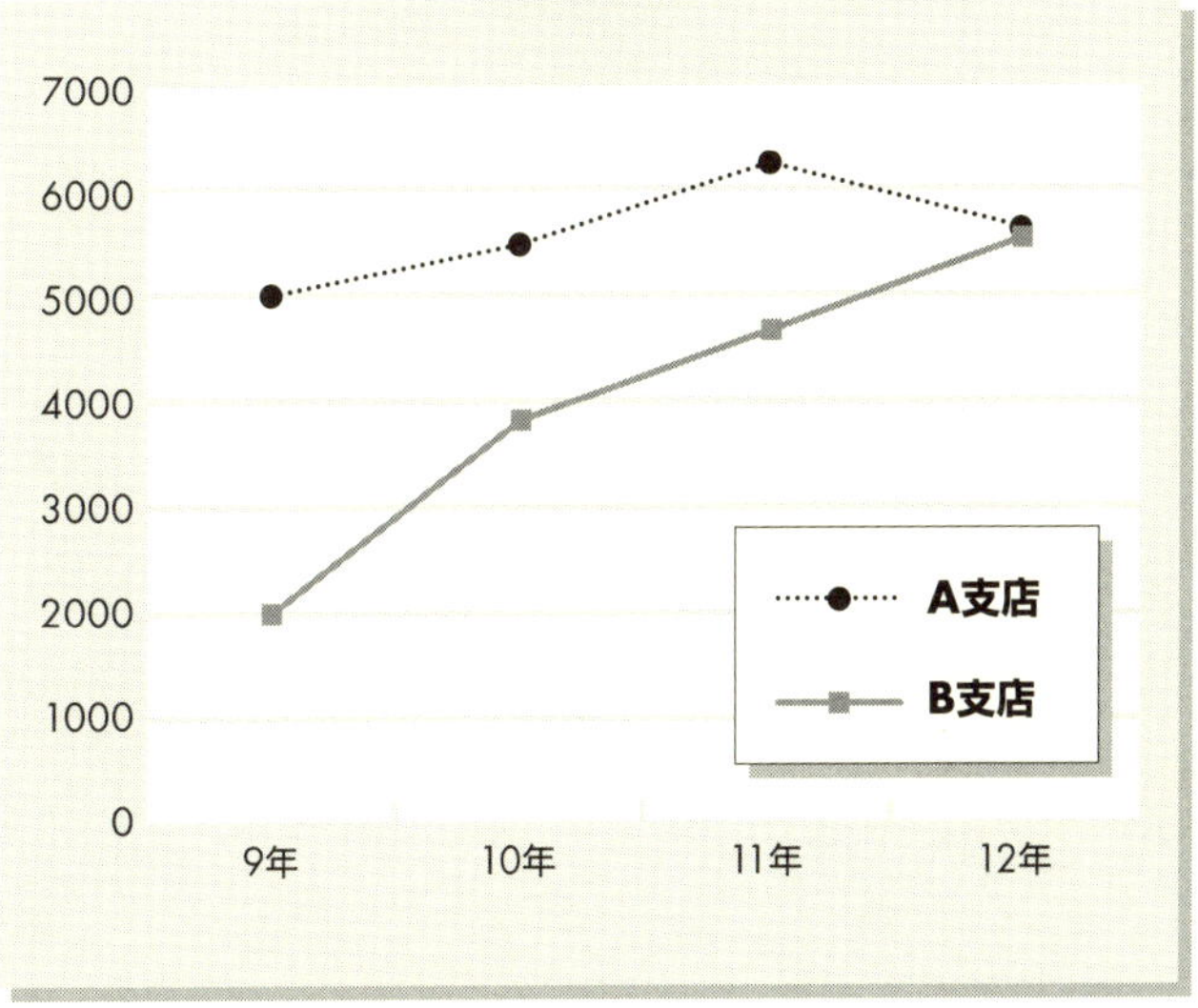

張したい内容を短い言葉で表記するということです。学術的な発表ではあまり見られませんが、ビジネスでは特に実践したい点といえます。なぜならば、グラフそのものを聞き手に言いたいのではなく、グラフでもって言いたいこと、主張したいことがその背景にあるはずだからです。グラフを示すことによって言いたいことを、キーワードによって表記する方がメッセージはより明瞭に伝わるということです。

例えば、184ページの図の上のグラフは数値だけです。もちろん、プレゼンテーションの中ではこれによって言いたいことは言葉で示されます。ところが、その大事な言葉が記憶に留まることは難しいでしょう。そこで、184ページの下の図のように言いたい言葉を付け加えます。そうすると、グラフによって言いたいことが明確になり、より記憶しやすくなります。

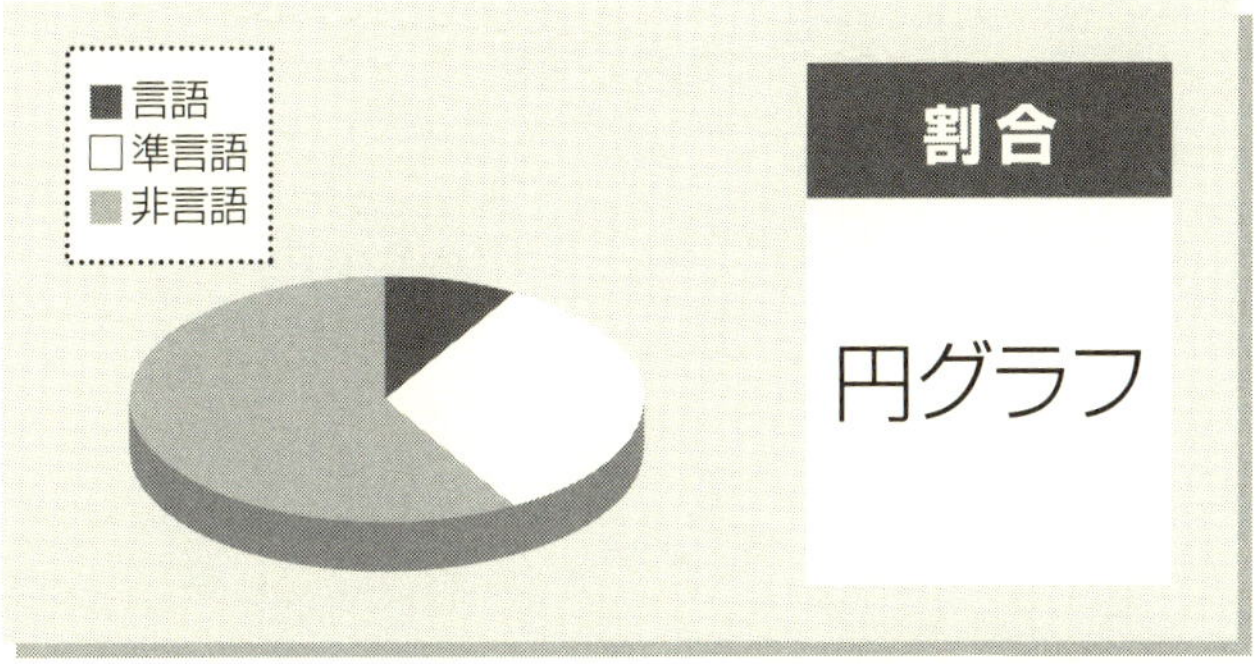
言語
準言語
非言語
割合
円グラフ

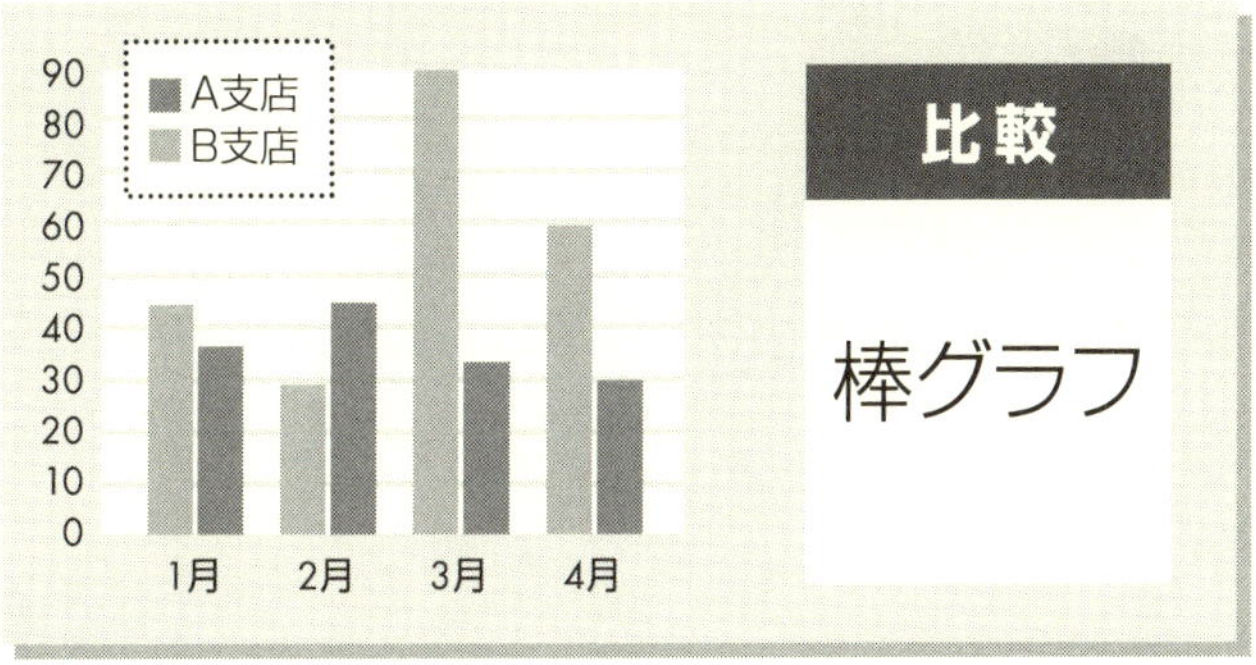
A支店
B支店
90
80
70
60
50
40
30
20
10
0
1月
2月
3月
4月
比較
棒グラフ

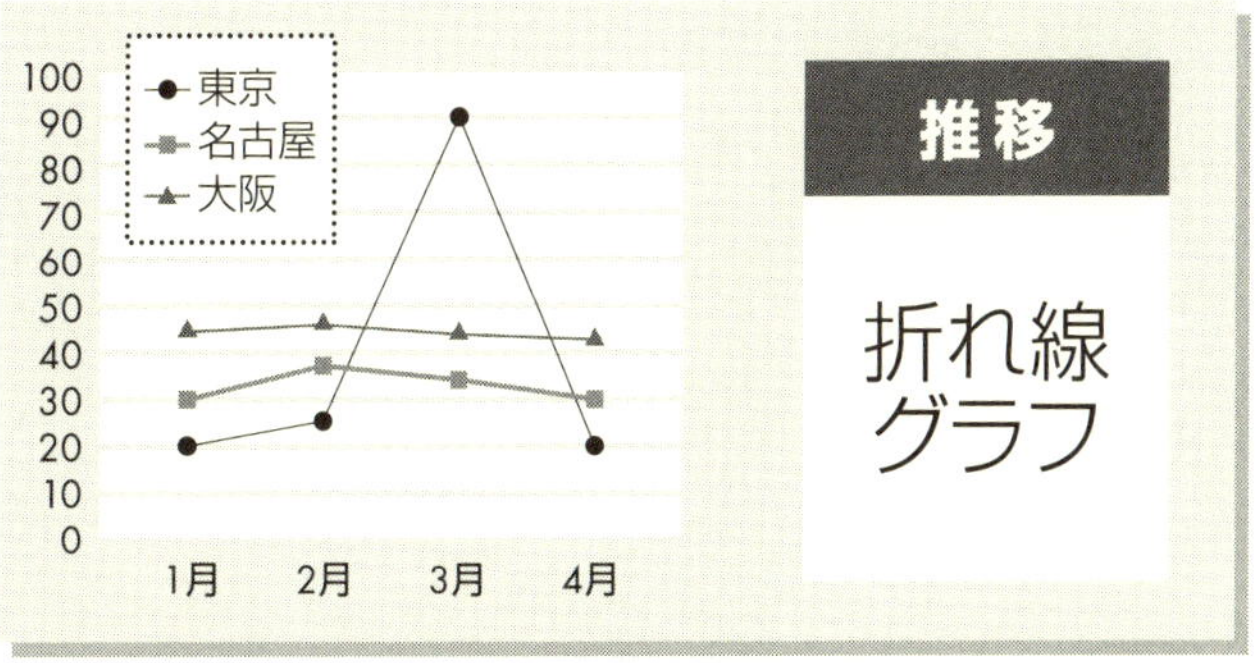
東京
名古屋
大阪
100
90
80
70
60
50
40
30
20
10
0
1月
2月
3月
4月
推移
折れ線グラフ

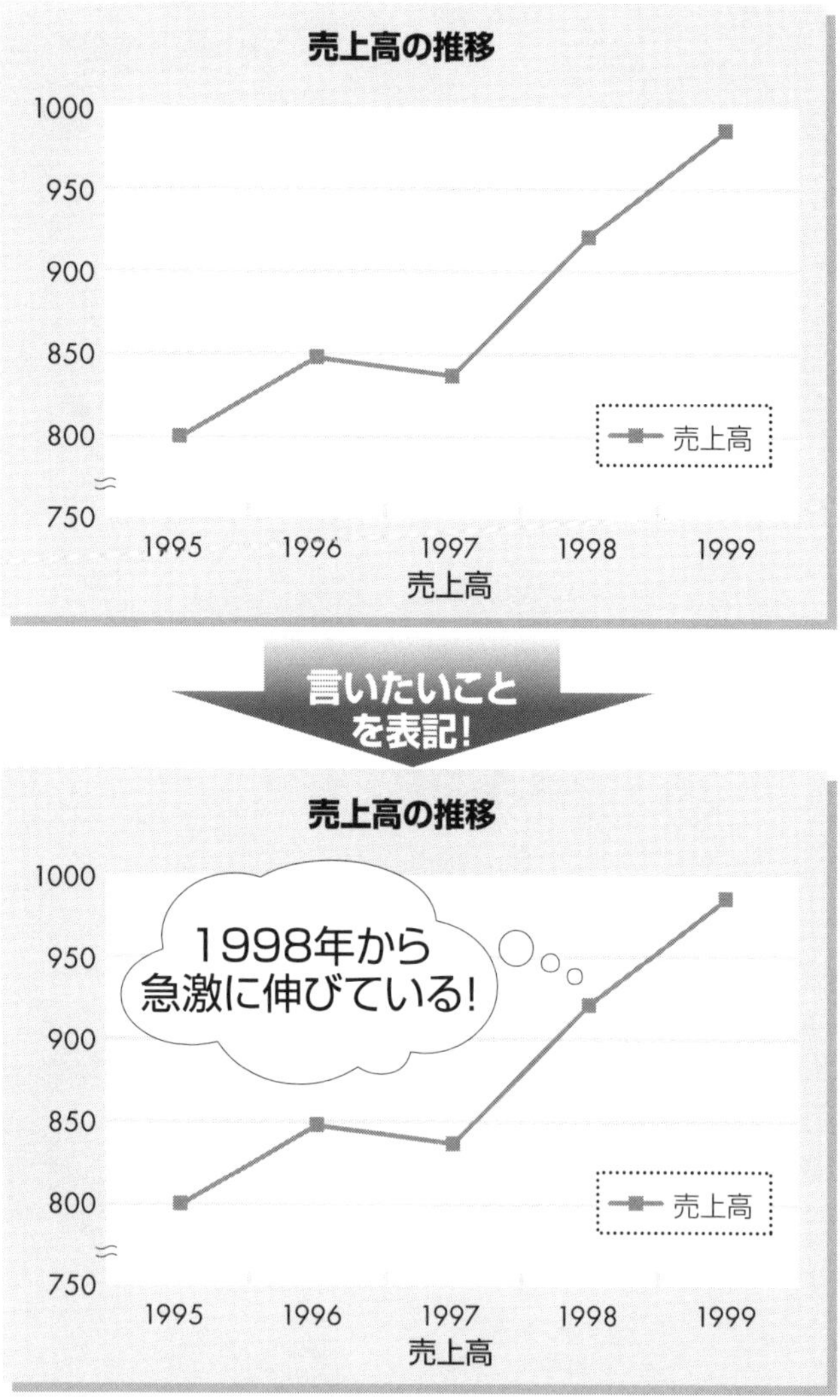
売上高の推移
1000
950
900
850
800
750
売上高
1995
1996
1997
1998
1999
売上高
言いたいことを表記!
売上高の推移
1998年から
急激に伸びている!
1000
950
900
850
800
750
売上高
1995
1996
1997
1998
1999
売上高

ポイント28

表ではなくグラフを使う!

〈割合〉円グラフ
〈比較〉棒グラフ
〈推移〉折れ線グラフ

グラフで言いたいことを
短い言葉で表記する

ポイント

29 概念の関係はチャートを使う

ここでいうチャートとは、「要約化したキーワードを線で囲んだりつないだりして概念の関係性を図示したもの」です。

左の図を見てください。上は文章になっています。これを単純にキーワード化して箇条書きで示してもよいですが、ここはチャート化してみましょう。下の図がチャート化したものです。こうすると、全体の構造がより明瞭になります。

このように、**チャート化のメリットは、一目で全体の構造が理解できることにあります。**わかりやすいプレゼンテーションの基本概念である「地図が描ける」ということからすると、地図が過不足なくすぐに伝わります。

要領としては、第1に、キーワードをなるべく単純化することです。特に、簡潔明瞭に、単純なものにします。

そして第2に、その関係性を線で示すことです。関係性とは、例えば因果関係や相互関係、時系列関係になります。

わが社の利益が目標に対して25%も少ないことは大きな問題である。この原因は、売上高が目標に対して－10%であったことと、コストが目標よりも15%もかかったことによるものと推定される。

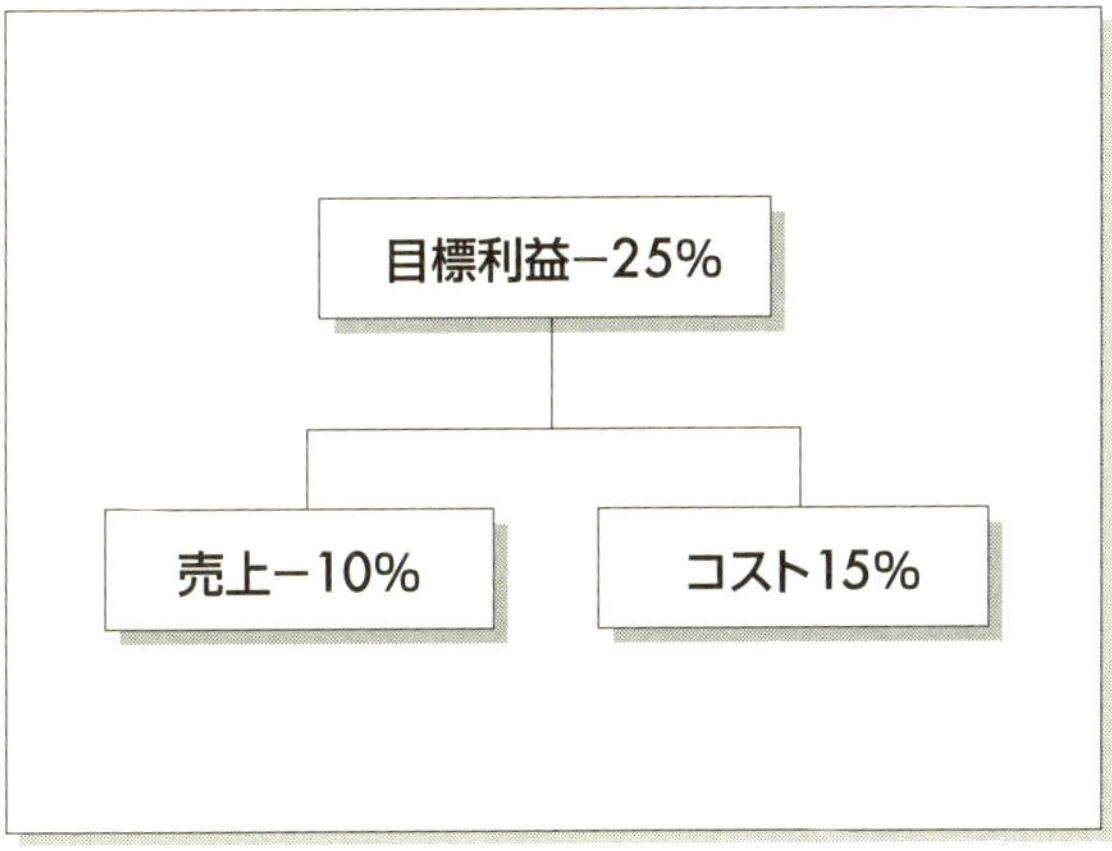

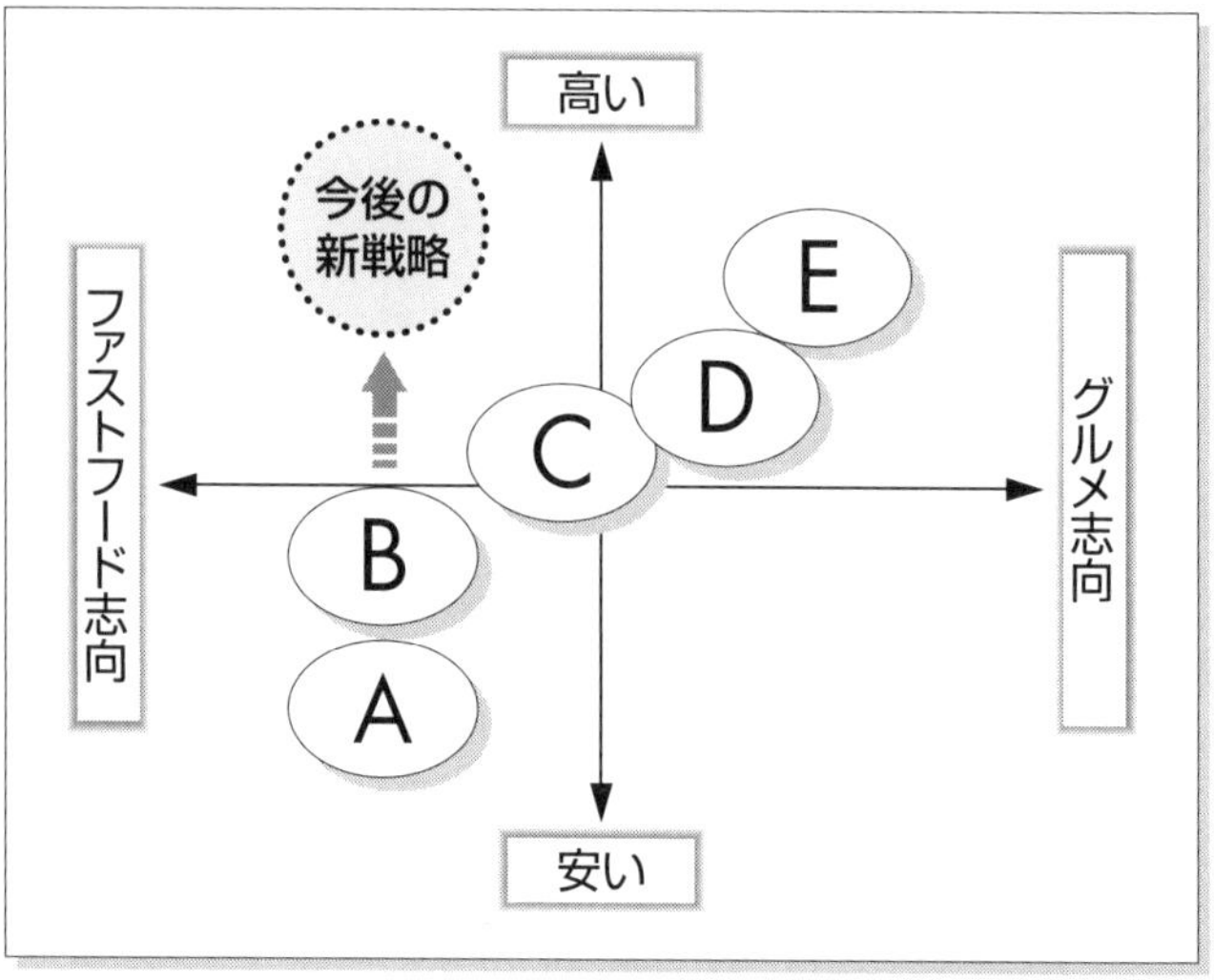

チャート化で皆さんにぜひ試してほしいものがあります。それは**2軸法**です。この2軸法は、**ポジショニングマップ**とも言われているものです。2つの直行する軸に製品や事業の特徴をとり、そこに製品や事業をプロットすることで相互関係を示すものです。

例えば、上の図のようになります。これによって、AからEの間のポジションが明らかになります。また、視覚的にもインパクトがあります。自社やお客様の製品や事業などを整理して示すときに使うとよいでしょう。

ポイント29

概念の関係はチャートを使う!

キーワードを単純化して関係性を線で示す

2軸法を使う

ポイント

30 話の流れに合わせてビジュアルを設計する

最後のポイントは、**話の構成を想定してビジュアルを設計する**というものです。これは、話に合わせてビジュアルを作るということです。

最近では、パソコンでビジュアルを作る機会が増えています。パソコンなら、話に合わせて言葉やイラスト、写真などを画面に表示することができます。

ところが、ここにプレゼンテーションにおける難しさも生じました。すなわち、パソコン操作に集中してしまうことで、話し言葉との連動性がとれにくくなることが多くなりました。そこで、話の構成とビジュアルを合わせることが重要になってきます。

では、どうすればよいのでしょうか？　答えは簡単です。**練習をする**のです。練習をして何度も修正することが最善の方法です。そして実際には、この単純なことがおざなりになっているプレゼンテーションがよくみられます。しかし、単純で汗をかくようなことが、最終的には聞き手にその熱意が伝わることになります。練習を何度も繰り返すことは、ビジュアルの完成度を高めると同時に、皆さんの熱意を注入することにもなるのです。

ポイント30

話の流れに合わせて
ビジュアルを設計する!

↓

練習をしてビジュアルを
修正する

コンテンツ設計シート

② 聞き手のニーズ

プレゼンテーション

氏　名

▶**テーマ**

①プレゼンターのニーズ

③コンテンツ設計

▶コンセプト

▶根拠（データ）

コンテンツ設計シート（書き方例）

② 聞き手のニーズ

なぜ、コミュニケーションスキルが重要なのか？
なぜ、コミュニケーションスキルが相対的に低いといえるのか？
コミュニケーションスキルの教育の投資効果はどの程度なのか？

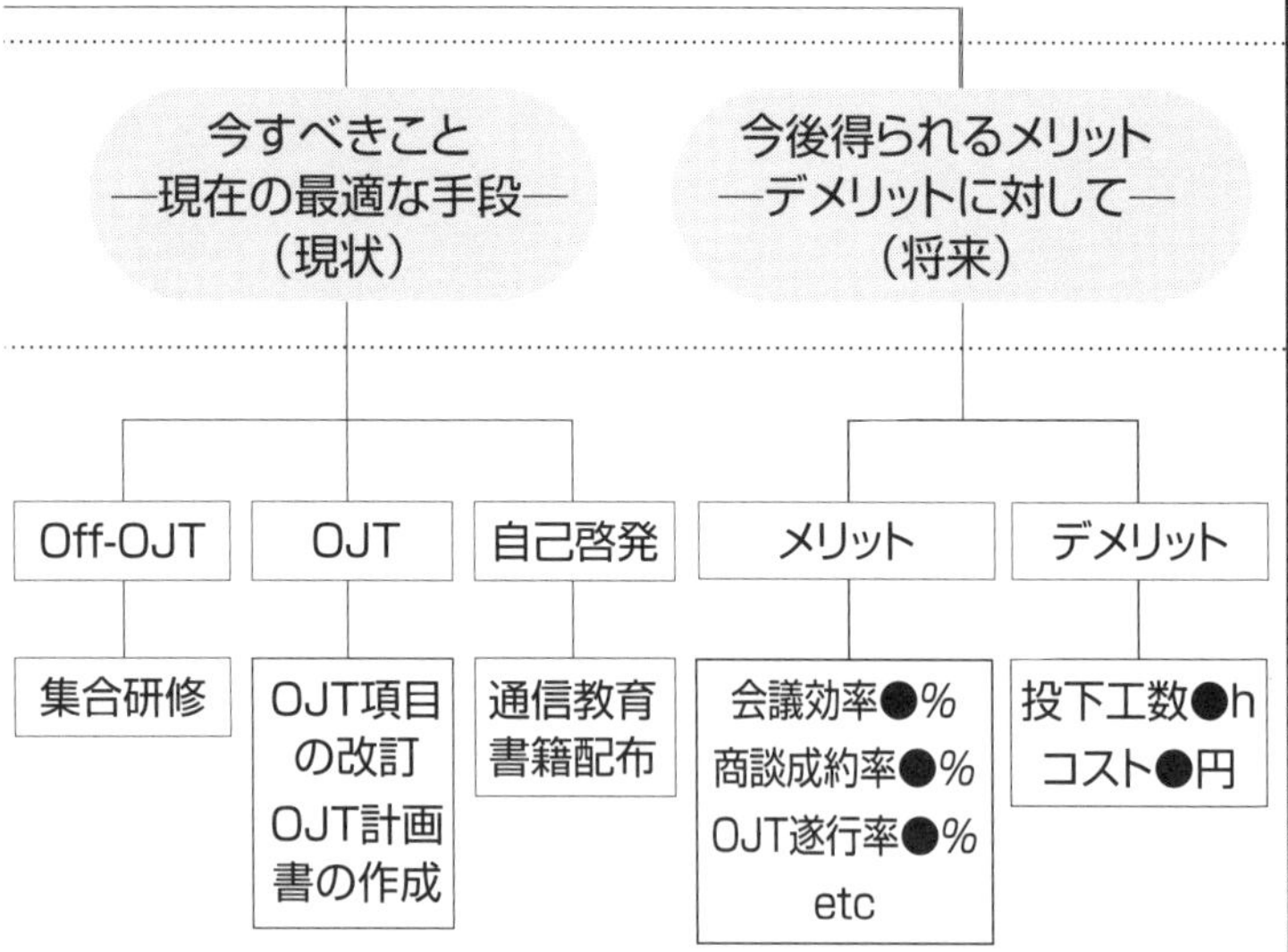

プレゼンテーション

氏　名

▶テーマ
コミュニケーションスキルの教育の導入

①プレゼンターのニーズ

コミュニケーションスキルは重要である。
我が社の問題は、コミュニケーションスキルが相対的に低いことである。

③コンテンツ設計

▶コンセプト

▶根拠（データ）

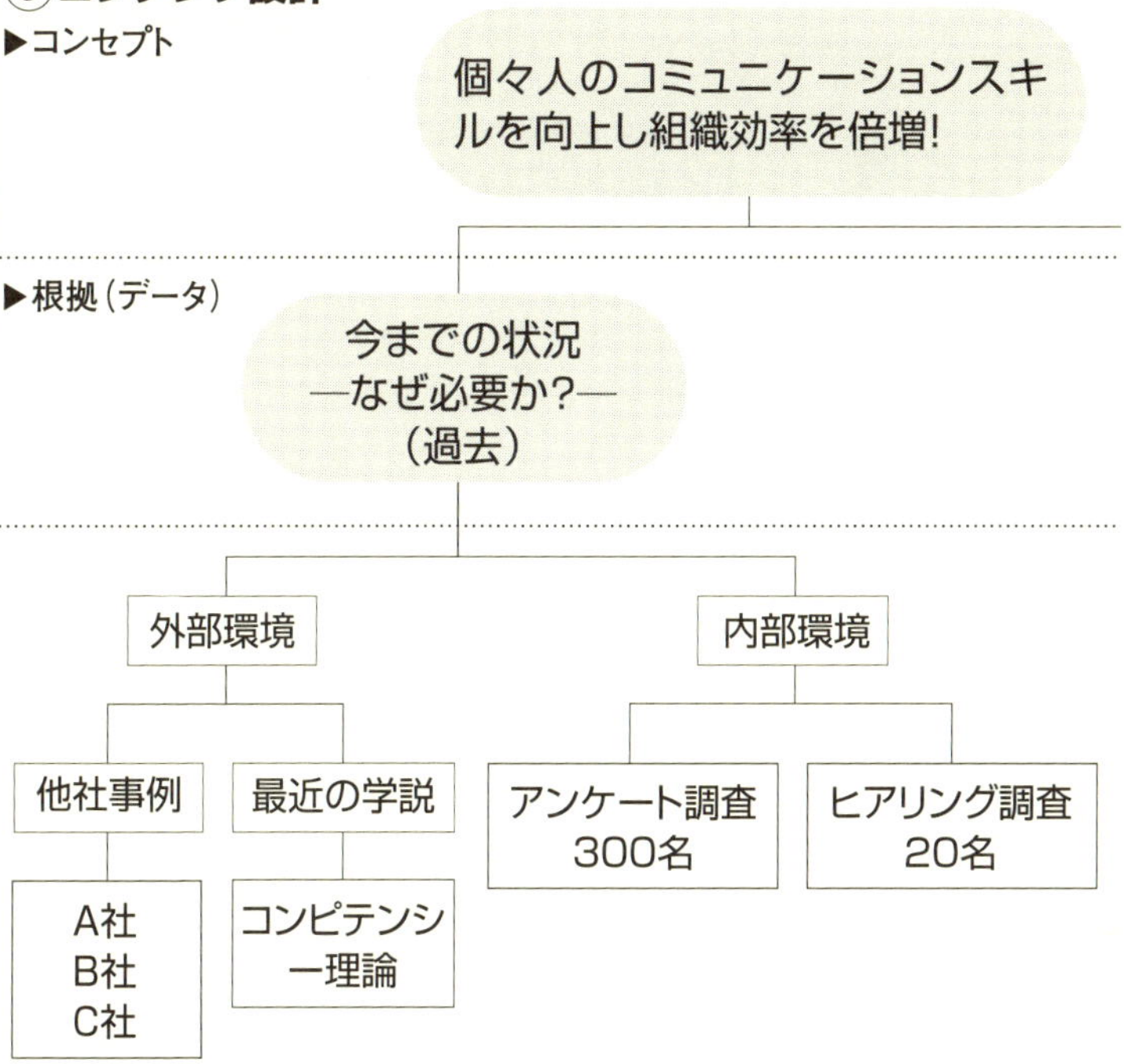

おわりに

私は、「あなたの話は論理的ではない」というご指摘を永年受けてきました。また、「何を言っているのかわからない」という手厳しい批判も数多く受けてきました。そしてそのためにビジネスの上では多くの損をしました。論理的に話せないということで私に対する評価は低いものでした。

しかし、論理的に話すためにどのようにすればよいのかは、誰も、明瞭に教えてくれませんでした。わかりやすく話すとは具体的にどのようにすればよいのか？　となると暗中模索《あんちゅうもさく》の状態でした。

そこで、数多くの書籍をもとに勉強しました。また、話がうまいと言われる方の話も真剣に聴くようにしました。

そのような試行錯誤の結果、わかりやすい話し方にはやり方があるのだということが段々とわかってくるようになりました。そして不思議なことに、それに気が付くと「あなたの話は論理的ですね！」「とてもわかりやすい話し方をしますね」と言われるようになっていました。考えてみれば不思議なものです。「もっとも論理的ではない！」と言われ続けてきた人間が正反対の評価を受けるのですから。

この私の実体験の結果、とても重要なことが検証されたと思います。それは、生まれながらにして論理的に話せない人間はいないということです。換言すれば、わかりやすく話せないのは、個性ではなく、ましてや天性のものではない、ということです。

ですから、論理的に話せないと思われている方は、まずそのやり方を習得することが必要だといえます。その証拠が、私です。

では、ビジネスにおいては、どのような方法を習得すればよいのでしょうか？　その方法のひとつに、難しい経営学を理解することがよく挙げられます。確かに、経営学の体系的な理解は、適切に分析することや思考することに役立ちます。しかし、それだけでは、相手に論理的に伝えることは必ずしもできません。なぜならば、経営学では具体的な伝達方法を教えてくれないからです。

次に論理学を習得するということもあります。しかし、論理学をきわめようとしても、その概念や体系は奥が深く、すぐに活用するとしても難しいものです。ですから、忙しいビジネス・パーソンの方々があらためて理解、習得するとなると容易ではなくなってしまいます。

そこで必要になってくるのが、誰にでも簡単に、すぐに使える「わかりやすい話し方」になります。本書は、基本的にはこのコンセプトに基づいて書いたつもりです。

もし、わかりやすく話すことができないことで悩んでいるのであれば、ぜひ本書で紹介した方法を実践してみてください。周囲からの見方が変わる可能性があります。

また、もし周囲にわかりやすく話せないことで悩んでいる方がいたら、本書で紹介した方法の1つでも、2つでも教えてあげてください。その方にとってヒントになるかもしれません。

そうして、わかりやすく話すことに関して悩んでいる方の問題が、少しでも本書によって解消できればと願っています。

かつての私のように、わかりやすく伝えることに不得手な方に対して本書が少しでもお役に立てれば幸いです。

なお、本書の執筆は、多くの方々からのご指導なくしてはできませんでした。ヒューマンバリューの高間邦男先生には永年にわたって多くのご指導をいただきました。また、ヒューマックスの木村孝氏、ヒューマンマネジメント研究所の又村紘氏、ハートネットの石川正樹氏、日本能率協会の岡崎裕氏、櫻井貴子氏など、たくさんの方々からのご指導なくしては本書の完成には至りませんでした。そして、何よりも今までの企業トレーニングに参加していただきました受講者の方々からは、かけがえのない貴重な示唆を数多くいただきました。

さらに、執筆にあたりましては多くの書籍を参考にさせていただきました。それらの書籍については巻末にまとめて紹介させていただきました。

最後に、本書の執筆にあたっては、日本能率協会マネジメントセンターの根本浩美氏には、構想段階からご指導ご鞭撻をいただきました。

お世話になった多くの皆様に、心よりお礼を申し上げます。本当にありがとうございました。

小宮　清

参考文献

・福沢一吉著　『議論のレッスン』　日本放送出版協会　２００２
・野矢茂樹著　『論理トレーニング』　産業図書　１９９７
・バーバラ・ミント著　グロービス・マネジメント・インスティテュート監修　山﨑康司訳　『新版考える技術・書く技術』　ダイヤモンド社　１９９９
・照屋華子・岡田恵子著　『ロジカル・シンキング』　東洋経済新報社　２００１
・グローバルタスクフォース著　青井倫一監修　『クリティカルシンキング』　総合法令出版　２００２
・本多勝一著　『日本語の作文技術』　朝日新聞社　１９８２
・川浪幸倫著　『ビジネス・グラフの作り方・活かし方』　中央経済社　１９９２
・木下是雄著　『理科系の作文技術』　中央公論社　１９８１
・中嶋秀隆・マット・シルバーマン著　『デジタル対応プレゼンテーション』　日本能率協会マネジメントセンター　２０００
・立花隆著　『「知」のソフトウェア』　講談社　１９８４
・P・F・ドラッカー著　上田惇生訳　『ネクスト・ソサエティ』　ダイヤモンド社　２００２
・関根健夫・北山国夫著　『プレゼンテーションこれが基本』　日本経営協会総合研究所　１９９３

・八幡紕芦史著　『パーフェクト・プレゼンテーション』　生産性出版　1995

著者●

小宮　清（こみや・きよし）

1961年生まれ。産能大学大学院経営情報学研究科卒業（経営情報学修士）。神奈川県出身。
武藤工業、日本能率協会コンサルティング、産能大学、ヒューマンバリューなどを経て独立。現在、ヒューマン・インテグリティ代表取締役。プレゼンテーション、営業スキル、交渉スキル、論理的思考力などの能力開発を指導するとともに、管理者の能力アセスメントなどの人的資源管理のコンサルタントとして幅広く活躍中。

仕事の基本
シンプル・プレゼンの技術

2004年2月1日　　初版第1刷発行
2016年1月25日　　第9刷発行

著　者 —— 小宮清

発行者 —— 長谷川隆
発行所 —— 日本能率協会マネジメントセンター

〒103-6009
東京都中央区日本橋2-7-1　東京日本橋タワー
TEL：03（6362）4339（編集）　03（6362）4558（販売）
FAX：03（3272）8128（編集）　03（3272）8127（販売）
http：　www.jmam.co.jp

装　丁————石澤義裕
本文イラスト—坂木浩子
本文DTP———タイプフェイス
印刷所————シナノ書籍印刷株式会社
製本所————株式会社三森製本所

ISBN978-4-8207-1621-1 C2034
落丁・乱丁はおとりかえします。
PRINTED IN JAPAN